Sandalias desgastadas

"Voy buscando a mis hermanos"(Gén 37, 16)

COMENTARIO BÍBLICO-EXISTENCIAL A LA HISTORIA DE JOSÉ

Mª Pilar Avellaneda Ruíz

58 | Colección Espiritualidad

 Editorial Perpetuo Socorro

Sandalias desgastadas

"Voy buscando a mis hermanos"(Gén 37, 16)

COMENTARIO BÍBLICO-EXISTENCIAL A LA HISTORIA DE JOSÉ

Mª Pilar Avellaneda Ruíz

© Editorial Perpetuo Socorro

Covarrubias, 19 - 28010 Madrid
Tfno.: 91 44 55 126
www.pseditorial.com
administracion@pseditorial.com

Imagen de portada: Acuarela
"Las sandalias de José" pintado por
Hna. Teresa María Parra Avellaneda

ISBN: 978-84-284-0865-3
Depósito Legal: M-7937-2024
Imprime: Tórculo Comunicación Gráfica

"Porque las palabras, Dios mío,
no están hechas para permanecer inertes en los libros,
sino para poseernos y así recorrer el mundo en nosotros…
Haz que, habitados por ellas, como ascuas en rastrojos,
recorramos las calles de la ciudad…
Haz que, en medio de este bullicio,
estalle el silencio palpitante de tu mensaje".

Madeleine Delbrel

A mi sobrina Hna. Teresa María,
que cautivada por la Belleza de Dios,
camina por la senda de la vida
tras los destellos de su Luz,
y las huellas de su Hermosura.
Descubriendo a cada paso
los trazos de su inmensa Bondad,
y los colores de su intensa Verdad,
ella va plasmando en pequeños lienzos,
llenos de asombro y profundidad,
los trazos que van tejiendo
el precioso lienzo del caminar junto a Dios.

LA HISTORIA DE JOSÉ

37 ¹Jacob se estableció en la tierra donde había residido su padre, en la tierra de Canaán. ²La historia de Jacob es esta. José tenía diecisiete años y pastoreaba el rebaño con sus hermanos. Era un muchacho que ayudaba a los hijos de Bilá y Zilfá, mujeres de su padre. José comunicó a su padre la mala fama de sus hermanos. ³Israel amaba a José más que a todos los otros hijos, porque le había nacido en la vejez, y le hizo una túnica con mangas. ⁴Al ver sus hermanos que su padre lo prefería a los demás, empezaron a odiarlo y le negaban el saludo. ⁵Un día José tuvo un sueño y se lo contó a sus hermanos, que lo odiaron aún más. ⁶Les dijo: «Escuchad este sueño que he tenido. ⁷Estábamos atando gavillas en el campo, y de pronto mi gavilla se levantó y se mantuvo en pie, mientras que vuestras gavillas la rodeaban y se postraban ante ella». ⁸Sus hermanos le dijeron: «¿Acaso vas a ser tú nuestro rey o vas a someternos a tu dominio?». Y lo odiaron todavía más a causa de sus sueños y de sus palabras. ⁹Aún tuvo otro sueño, que contó también a sus hermanos: «He tenido otro sueño: el sol, la luna y once estrellas se postraban ante mí». ¹⁰Cuando se lo contó a su padre y a sus hermanos, su padre le respondió: «¿Qué significa ese sueño que has tenido? ¿Es que yo, tu madre y tus hermanos vamos a postrarnos por tierra ante ti?». ¹¹Sus hermanos lo envidiaban, pero su padre guardaba la cosa para sí. ¹²Sus hermanos trashumaron a Siquén con los rebaños de su padre. ¹³Israel dijo a José: «Tus hermanos deben de estar con los rebaños en Siquén; ven, que te voy a mandar donde están ellos». Le contestó: «Aquí estoy». ¹⁴Su padre le dijo: «Ve a ver cómo están tus hermanos y el ganado, y tráeme noticias». Lo envió, pues, desde el valle de Hebrón y José se dirigió a Siquén. ¹⁵Un hombre lo encontró errando por el campo y le preguntó: «¿Qué buscas?». [16]Él contestó: «Busco a mis hermanos; por favor, dime dónde están pastoreando». [17]El hombre respondió: «Se han marchado de aquí, y les he oído decir que iban hacia Dotán». José fue tras sus hermanos y los encontró en Dotán. [18]Ellos lo vieron desde lejos y, antes de que se acercara, maquinaron su muerte. [19]Se decían unos a otros: «Ahí viene el soñador. [20]Vamos a matarlo y a echarlo en un aljibe; luego diremos que una fiera lo ha devorado; veremos en qué paran sus sueños». [21]Oyó esto Rubén, e intentando salvarlo de sus manos, dijo: «No le quitemos la vida». [22]Y añadió: «No derraméis sangre; echadlo en este aljibe, aquí en la estepa; pero no pongáis las manos en él». Lo decía para librarlo de sus manos y devolverlo a su padre. [23]Cuando llegó José al lugar donde estaban sus hermanos, lo sujetaron, le quitaron la túnica, la túnica con mangas que llevaba puesta, [24]lo cogieron y lo echaron en un pozo. El pozo estaba vacío, sin agua. [25]Luego se sentaron a comer y, al levantar la vista, vieron una caravana de ismaelitas que transportaban en camellos goma, bálsamo y resina de Galaad a Egipto. [26]Judá propuso a sus hermanos: «¿Qué sacaremos con matar a nuestro hermano y con tapar su sangre? [27]Vamos a venderlo a los ismaelitas y no pongamos nuestras manos en él, que al fin es hermano nuestro y carne nuestra». Los hermanos aceptaron. [28]Al pasar unos mercaderes madianitas, tiraron de su hermano; y, sacando a José del pozo, lo vendieron a unos ismaelitas por veinte monedas de plata. Estos se llevaron a José a Egipto. [29]Cuando Rubén volvió al pozo y vio que José no estaba allí, rasgó sus vestiduras [30]y, volviendo a sus hermanos, les dijo: «El muchacho no está; y yo, ¿a dónde voy yo ahora?». [31]Entonces tomaron la túnica de José, degollaron un cabrito y empaparon la túnica en la sangre. [32]Luego enviaron la túnica con mangas a su padre con este recado: «Esto hemos encontrado, mira a ver si es la túnica de tu hijo o no». [33]Él la reconoció y exclamó: «Es la túnica de mi hijo; una bestia lo ha devorado. Sin duda, José ha sido despedazado». [34]Jacob rasgó sus vestiduras, se ciñó a los lomos un sayo e hizo luto por su hijo muchos días. [35]Todos sus hijos e hijas intentaron consolarlo, pero él rehusó el consuelo, diciendo: «De luto bajaré al lugar de los muertos, adonde está mi hijo». Y su padre lo lloró. [36]Los madianitas, entretanto, vendieron a José en Egipto a Putifar, cortesano del faraón y jefe de la guardia.

38 [1]Por aquel tiempo Judá se separó de sus hermanos y se dirigió a un cierto adulamita, llamado Jirá. [2]Judá vio allí a la hija de un cananeo, llamado Sua, la tomó y cohabitó con ella. [3]Ella concibió y dio a luz un hijo, a quien llamó Er. [4]Concibió de nuevo y dio a luz un hijo, a quien llamó Onán. [5]Volvió a dar a luz otro hijo, a quien llamó Sela; estaba en Cazib cuando dio a luz. [6]Judá tomó una mujer, llamada Tamar, para su primogénito Er. [7]Pero Er, primogénito de Judá, desagradaba al Señor, y el Señor lo hizo morir. [8]Entonces dijo Judá a Onán: «Cásate con la viuda de tu hermano, cumpliendo con tu obligación de cuñado, y procúrale descendencia a tu hermano». [9]Pero Onán, sabiendo que la descendencia no iba a ser suya, cuando cohabitaba con la viuda de su hermano, derramaba por tierra, para no procurar descendencia a su hermano. [10]Desagradó al Señor lo que hacía y lo hizo morir también. [11]Entonces dijo Judá a su nuera Tamar: «Quédate como viuda en casa de tu padre, hasta que crezca mi hijo Sela». Pues pensaba: «No sea que muera él también, como sus hermanos». Y Tamar se fue a vivir a casa de su padre. [12]Pasó mucho tiempo y murió la mujer de Judá, la hija de Sua. Cuando terminó el duelo, Judá subió a Timna, con su amigo Jirá el adulamita, a esquilar su rebaño. [13]Le comunicaron a Tamar: «Tu suegro sube a Timna a esquilar el rebaño». [14]Entonces ella se quitó los vestidos de viuda, se cubrió con un velo para disfrazarse y se sentó a la entrada de Enain, junto al camino que va a Timna; pues veía que Sela era ya adulto y no había sido dada a él por mujer. [15]La vio Judá y creyó que era una prostituta, pues llevaba cubierto el rostro. [16]Él giró hacia ella por el camino y le dijo: «Deja que me acueste contigo», pues no sabía que era su nuera. Contestó ella: «¿Qué me vas a dar por acostarte conmigo?». [17]Él respondió: «Te enviaré un cabrito del rebaño». Replicó ella: «Si me das algo en prenda hasta que me lo envíes». [18]Preguntó él: «¿Qué prenda he de darte?». Ella respondió: «Tu sello, tu cordón y el bastón que tienes en la mano». Él se lo entregó, se acostó con ella y la dejó encinta. [19]Ella se fue, se quitó el velo y se puso los vestidos de viuda. [20]Judá envió el cabrito por medio de su amigo el adulamita para recuperar la prenda de manos de la mujer, pero este no la encontró. [21]Preguntó entonces a la gente del lugar: «¿Dónde está la ramera que se ponía en Enain, junto al camino?». Le respondieron: «Aquí no ha habido ninguna ramera». [22]Entonces volvió a Judá y le dijo: «No la he encontrado; es más, la gente del lugar me ha dicho que allí no ha habido ninguna ramera». [23]Judá replicó: «Que se quede con ello; no vayan a burlarse de nosotros. Yo le he enviado el cabrito y tú no la has encontrado». [24]Unos tres meses después le comunicaron a Judá: «Tu nuera Tamar se ha prostituido y ha quedado encinta a causa de su prostitución». Judá dijo: «Que la saquen y la quemen». [25]Cuando la sacaban, ella envió este recado a su suegro: «El hombre a quien pertenecen estos objetos me ha dejado encinta». Y añadió: «Comprueba de quién son este sello, este cordón y este bastón». [26]Judá los reconoció y dijo: «Ella es más inocente que yo, pues no le di a mi hijo Sela». Pero no volvió a unirse con ella. [27]Cuando llegó la hora del parto, ella tenía dos mellizos en el vientre. [28]Y al dar a luz, uno de ellos sacó una mano y la comadrona lo agarró y le ató una cinta roja a la muñeca, diciendo: «Este ha salido primero». [29]Pero él retiró su mano y salió su hermano. La comadrona dijo: «¡Qué brecha te has abierto!». Y lo llamó Peres. [30]Después salió el hermano con la cinta roja en la muñeca y lo llamó Zeraj.

39 [1]Cuando bajaron a José a Egipto, un egipcio llamado Putifar, cortesano del faraón y jefe de la guardia, se lo compró a los ismaelitas, que lo habían llevado allí. [2]El Señor estaba con José, de modo que fue hombre afortunado y permaneció en casa de su amo egipcio. [3]Este vio que el Señor estaba con José y que hacía prosperar todo lo que él emprendía. [4]Así obtuvo José el favor de su amo, quien lo puso a su servicio y lo constituyó administrador de su casa, confiándole todo lo que tenía. [5]Desde que lo nombró administrador de su casa y de todo lo suyo, el Señor bendijo la casa del egipcio en atención a José, y la bendición del Señor descendió sobre todo lo que poseía, en la casa y en el campo. [6]Él puso todo lo que poseía en manos de José, sin preocuparse de otra cosa que del pan que comía. José era de buen tipo y bello semblante. [7]Después de cierto tiempo, la mujer de su amo puso sus ojos en José y le dijo: «Acuéstate conmigo». [8]Pero él rehusó, y dijo a la mujer de su amo: «Mira, mi amo no se preocupa de lo que hay en la casa y todo lo suyo lo ha puesto en mi mano. [9]Él no ejerce más autoridad en esta casa que yo, y no se ha reservado nada sino a ti, porque eres su mujer. ¿Cómo voy a cometer yo semejante injusticia y a pecar contra Dios?». [10]Y, aunque ella insistía un día y otro, José no accedió a acostarse ni a estar con ella. [11]Pero cierto día entró él en casa para hacer su trabajo y no había ningún criado allí en la casa. [12]Ella lo agarró por su vestido y le dijo: «Acuéstate conmigo». Pero él, dejando el vestido en su mano, salió afuera y huyó. [13]Cuando ella vio que él había dejado el traje en su mano y había huido afuera, [14]llamó a sus criados y les dijo: «Mirad, nos han traído un hebreo para que se aproveche de nosotros; ha venido a mí para acostarse conmigo, pero yo he gritado. [15]Al oír que yo alzaba la voz y gritaba, dejó su vestido junto a mí y huyó, saliendo afuera». [16]Y ella mantuvo junto a sí el vestido hasta que volvió a casa su marido. [17]Y le repitió la misma historia: «El esclavo hebreo que nos has traído ha venido a mí para aprovecharse de mí. [18]Yo alcé la voz y grité, y él dejó el vestido junto a mí y huyó afuera». [19]Al oír el marido la historia que le contaba su mujer: «Esto y esto me ha hecho tu siervo», montó en cólera, [20]prendió a José y lo metió en la cárcel, donde estaban los presos del rey. Y allí quedó, en la cárcel. [21]Pero el Señor estaba con José y le concedió su benevolencia, haciendo que se ganara el favor del jefe de la cárcel. ²²Este confió a José todos los presos de la cárcel, siendo él quien decidía todo lo que allí se hacía. ²³El jefe de la cárcel no se preocupaba de nada de lo encargado a José, pues el Señor estaba con él; y cuanto este emprendía el Señor lo hacía prosperar.

40¹Algún tiempo después, el copero y el panadero del rey de Egipto ofendieron a su señor, el rey de Egipto. ²El faraón se encolerizó contra sus dos cortesanos, el jefe de los coperos y el jefe de los panaderos, ³y los puso bajo custodia en casa del jefe de la guardia, en la cárcel donde José estaba preso. ⁴«El jefe de la guardia se los confió a José para que les sirviera. Después de permanecer en custodia durante algún tiempo,» ⁵ambos, el copero y el panadero del rey de Egipto, que estaban presos en la cárcel, tuvieron sendos sueños la misma noche, cada sueño con su propio significado. ⁶Cuando José vino a ellos por la mañana, los vio tristes ⁷y preguntó a los cortesanos del faraón que estaban bajo custodia con él, en casa de su señor: «¿Por qué tenéis hoy mala cara?». ⁸Le contestaron: «Hemos tenido un sueño y no hay quien lo interprete». Dijo José: «¿No pertenecen a Dios las interpretaciones? Contádmelos». ⁹El jefe de los coperos contó su sueño a José y le dijo: «Soñé que tenía una viña delante de mí. ¹⁰La viña tenía tres ramas, echó brotes y flores, y maduraron las uvas. ¹¹Yo tenía en mi mano la copa del faraón; tomé las uvas, las exprimí en la copa del faraón, y puse la copa en su mano». ¹²José le contestó: «Esta es la interpretación: las tres ramas son tres días. ¹³Dentro de tres días, el faraón te hará comparecer, te restablecerá en tu cargo, y pondrás la copa del faraón en su mano, como hacías antes cuando eras copero. ¹⁴A ver si te acuerdas de mí cuando te vaya bien y me haces el favor de recordarme al faraón para que me saque de esta prisión, ¹⁵pues fui raptado de la tierra de los hebreos, y aquí no he hecho nada malo para que me metan en el calabozo». ¹⁶Viendo el jefe de los panaderos que la interpretación era favorable, dijo a José: «También yo soñé que llevaba tres cestas de mimbre sobre mi cabeza. [17]En la cesta superior había toda clase de pastas, de las que hacen los reposteros para el faraón, y las aves las comían de la cesta que estaba sobre mi cabeza». [18]José contestó: «Esta es la interpretación: las tres cestas son tres días. [19]Dentro de tres días, el faraón te hará comparecer y te colgará de un palo, y las aves comerán tu carne». [20]Al tercer día, el faraón celebraba su cumpleaños y dio un banquete a todos sus servidores; e hizo comparecer ante estos al jefe de los coperos y al jefe de los panaderos. [21]Al jefe de los coperos lo restableció en su cargo, para que pusiera la copa en la mano del faraón; [22]pero al jefe de los panaderos lo colgó, como les había interpretado José. [23]Pero el jefe de los coperos no se acordó de José, sino que lo olvidó.

41 [1]Dos años después, el faraón soñó que estaba de pie junto al Nilo, [2]y que salían de él siete vacas hermosas y gordas, que se pusieron a pacer en el juncal. [3]Detrás de ellas salieron del Nilo otras siete vacas feas y flacas que se pusieron junto a las otras a la orilla del Nilo. [4]Las siete vacas feas y flacas se comieron a las siete vacas hermosas y gordas. Entonces el faraón despertó. [5]Volvió a dormirse y tuvo un segundo sueño: siete espigas granadas y hermosas brotaban de un mismo tallo. [6]Detrás de ellas brotaron otras siete espigas raquíticas y agostadas por el viento solano. [7]Las siete espigas raquíticas se tragaron a las siete espigas granadas y llenas. Entonces el faraón despertó: había sido un sueño. [8]A la mañana siguiente, turbado el ánimo, mandó llamar a todos los magos de Egipto y a todos sus sabios. El faraón les contó el sueño, pero nadie pudo interpretárselo. [9]Entonces el jefe de los coperos dijo al faraón: «Es hora de que reconozca mi falta. [10]Cuando el faraón se irritó contra sus servidores y me puso bajo custodia en casa del jefe de la guardia a mí y al jefe de los panaderos, [11]él y yo tuvimos un sueño la misma noche; cada sueño con su propio sentido. [12]Había allí con nosotros un joven hebreo, criado del jefe de la guardia; le contamos nuestros sueños y él nos los interpretó, dando a cada sueño su propio sentido. [13]Y conforme nos los interpretó, así sucedió: a mí se me restableció en mi cargo, y a él se lo colgó». ¹⁴El faraón mandó llamar a José. Lo sacaron rápidamente del calabozo; se cortó el pelo, se cambió de ropas y se presentó al faraón. ¹⁵El faraón dijo a José: «Tuve un sueño y nadie pudo interpretarlo; pero he oído decir de ti que apenas oyes un sueño lo interpretas». ¹⁶José replicó al faraón: «No yo, sino Dios dará al faraón respuesta propicia». ¹⁷El faraón dijo a José: «Soñé que estaba de pie junto al Nilo, ¹⁸y que salían de él siete vacas gordas y hermosas que se pusieron a pacer en el juncal. ¹⁹Detrás de ellas salieron otras siete vacas flacas, muy feas y macilentas; no las he visto tan malas en toda la tierra de Egipto. ²⁰Las vacas flacas y feas se comieron a las siete vacas primeras, las gordas; ²¹pero, cuando se las habían tragado, no se notaba que las tuvieran dentro de ellas, pues su aspecto seguía siendo tan malo como al principio. Entonces desperté. ²²En otro sueño, vi brotar de un tallo siete espigas granadas y hermosas. ²³Detrás de ellas brotaron otras siete espigas raquíticas y agostadas por el viento solano. ²⁴Las siete espigas raquíticas se tragaron a las siete espigas hermosas. Se lo conté a los magos, pero ninguno pudo interpretármelo». ²⁵José dijo al faraón: «El sueño del faraón es uno solo. Dios anuncia al faraón lo que va a hacer. ²⁶Las siete vacas hermosas son siete años, y las siete espigas hermosas son siete años: es el mismo sueño. ²⁷Las siete vacas flacas y feas que salían tras ellas son siete años, y las siete espigas raquíticas y agostadas por el viento solano son siete años de hambre. ²⁸Es justamente lo que he dicho al faraón: Dios ha mostrado al faraón lo que va a hacer. ²⁹Van a venir siete años de gran abundancia en toda la tierra de Egipto. ³⁰Pero después vendrán siete años de hambre, que harán olvidar toda la abundancia en la tierra de Egipto, pues el hambre consumirá el país. ³¹No se sabrá lo que es la abundancia en el país, a causa del hambre que seguirá, pues esta será terrible. ³²El que se haya repetido el sueño del faraón dos veces significa que Dios confirma su palabra y que se apresura a cumplirla. ³³Por consiguiente, que el faraón busque un hombre perspicaz y sabio, y lo ponga al frente de la tierra de Egipto. ³⁴Intervenga el faraón y nombre inspectores sobre el país, que recauden la quinta parte del producto de la tierra de Egipto durante los siete años de abundancia; ³⁵que reúnan toda clase de alimentos durante los años buenos que van a venir, almacenen trigo, bajo la autoridad del faraón, en las ciudades, y lo guarden. ³⁶Servirán de provisiones al país para los siete años de hambre que vendrán después en la tierra de Egipto, y así no perecerá de hambre el país». ³⁷Al faraón y a todos sus servidores les pareció bien la propuesta; ³⁸y les dijo el faraón: «¿Acaso podemos encontrar un hombre como este, en quien esté el espíritu de Dios?». ³⁹Y el faraón dijo a José: «Puesto que Dios te ha hecho conocer todo esto, no hay nadie tan perspicaz y sabio como tú. ⁴⁰Tú estarás al frente de mi casa y todo mi pueblo acatará tus órdenes; solamente en el trono seré superior a ti». ⁴¹Y añadió el faraón a José: «Mira, te pongo al frente de toda la tierra de Egipto». ⁴²Luego el faraón se quitó el anillo de su mano y lo puso en la mano de José; le hizo vestir ropas de lino y le puso un collar de oro al cuello. ⁴³Luego lo hizo montar en la carroza de su primer ministro y la gente gritaba ante él: «¡Gran visir!». Así lo puso al frente de toda la tierra de Egipto. ⁴⁴El faraón dijo a José: «Yo soy el faraón, pero sin tu permiso nadie moverá mano o pie en toda la tierra de Egipto». ⁴⁵El faraón llamó a José Zafnat Panej y le dio por mujer a Asenat, hija de Potifera, sacerdote de On. Y José salió a recorrer la tierra de Egipto. ⁴⁶José tenía treinta años cuando se presentó al faraón, rey de Egipto. Después de salir de la presencia del faraón, José recorrió toda la tierra de Egipto. ⁴⁷La tierra produjo copiosamente durante los siete años de abundancia. ⁴⁸José recogió los productos de los siete años de abundancia en la tierra de Egipto y los almacenó en las ciudades, metiendo en cada una de ellas los productos de los campos de la comarca. ⁴⁹José reunió grano en tan gran cantidad como la arena del mar, hasta que dejó de medirlo, porque era inconmensurable. ⁵⁰Antes de que sobreviniesen los años de hambre, le nacieron a José dos hijos que le dio Asenat, hija de Potipera, sacerdote de On. ⁵¹Al primogénito, José lo llamó Manasés, pues pensó: «Dios me ha hecho olvidar mis fatigas y la casa paterna». [52]Al segundo lo llamó Efraín, porque se dijo: «Dios me ha hecho fructificar en la tierra de mi aflicción». [53]Se acabaron los siete años de abundancia en la tierra de Egipto [54]y comenzaron los siete años de hambre, como había predicho José. Hubo hambre en todos los países y solo en Egipto había pan. [55]Cuando llegó el hambre a todo Egipto y el pueblo reclamaba pan al faraón, este decía a los egipcios: «Id a José y haced lo que él os diga». [56]El hambre se extendió a toda la tierra, y José abrió los graneros y repartió raciones a los egipcios, mientras arreciaba el hambre en Egipto. [57]De todos los países venían a Egipto a comprarle a José, porque el hambre arreciaba en toda la tierra.

42 [1]Cuando Jacob se enteró de que había grano en Egipto, dijo a sus hijos: «¿Qué hacéis mirándoos unos a otros?». [2]Y añadió: «He oído que hay grano en Egipto. Bajad allá y comprad allí para nosotros, a fin de que sobrevivamos y no muramos». [3]Bajaron, pues, diez hermanos de José a comprar grano en Egipto. [4]A Benjamín, hermano de José, Jacob no lo dejó marchar con sus hermanos, temiendo que le sucediera una desgracia. [5]Los hijos de Israel fueron a Egipto a comprar grano junto con otros grupos, pues había hambre en la tierra de Canaán. [6]José mandaba en el país y distribuía las raciones a todo el mundo. Vinieron, pues, los hermanos de José y se postraron ante él, rostro en tierra. [7]Al ver a sus hermanos José los reconoció, pero él no se dio a conocer, sino que les habló duramente: «¿De dónde venís?». Contestaron: «De la tierra de Canaán a comprar provisiones». [8]José reconoció a sus hermanos, pero ellos no lo reconocieron. [9]Se acordó José de los sueños que había tenido acerca de ellos y les dijo: «¡Sois espías! Habéis venido a observar los lugares indefensos del país». [10]Le respondieron: «¡No, señor! Tus servidores han venido a comprar provisiones. [11]Todos nosotros somos hijos del mismo padre; somos personas honradas. Tus servidores no son espías». [12]Pero él insistió: «No es cierto, habéis venido a observar los lugares indefensos del país». [13]Contestaron: «Nosotros, tus servidores, éramos doce hermanos, hijos del mismo padre en la tierra de Canaán; el menor se ha quedado con nuestro padre y el otro desapareció». [14]José replicó: «Lo que yo decía: sois espías. [15]Pero voy a poneros a prueba: ¡Por vida del faraón que no saldréis de aquí hasta que no venga vuestro hermano menor! [16]Enviad a uno de vosotros y que traiga a vuestro hermano, mientras los demás quedáis presos; así probaréis que decís la verdad; de lo contrario, ¡por vida del faraón, que sois unos espías!». [17]Y los hizo detener durante tres días. [18]Al tercer día, José les dijo: «Yo temo a Dios, por eso haréis lo siguiente, y salvaréis la vida: [19]si sois honrados, uno de vosotros quedará bajo custodia en la casa donde estáis detenidos y los demás irán a llevar el grano a sus familias hambrientas. [20]Después me traeréis a vuestro hermano menor; así probaréis que habéis dicho la verdad y no moriréis». Ellos aceptaron. [21]Entonces se dijeron unos a otros: «Estamos pagando el delito contra nuestro hermano, cuando le veíamos suplicarnos angustiado y no le hicimos caso; por eso nos sucede esta desgracia». [22]Intervino Rubén: «¿No os decía yo: "¿No pequéis contra el muchacho", y vosotros no me hicisteis caso? Ahora nos piden cuentas de su sangre». [23]Ellos no sabían que José les entendía, pues había usado intérprete. [24]Él se retiró y lloró; después volvió a ellos y escogió a Simeón, a quien hizo encadenar en su presencia. [25]José mandó que les llenasen de grano los sacos, que metieran el dinero de cada uno en su saco y que les dieran provisiones para el camino. Y así se hizo. [26]Cargaron el grano sobre los asnos y se marcharon de allí. [27]Cuando uno de ellos abrió el saco para echar pienso al asno en la posada, vio que su dinero estaba en la boca del saco [28]y dijo a sus hermanos: «Me han devuelto el dinero; está aquí en mi saco». Se les sobresaltó su corazón y, temblando, se decían unos a otros: «¿Qué ha hecho Dios con nosotros?». [29]Cuando llegaron a casa de su padre Jacob, la tierra de Canaán, le contaron todo lo sucedido: [30]«El hombre, señor de aquel país, nos habló duramente y nos tomó por espías de su tierra. [31]Nosotros le dijimos: "Somos personas honradas, no espías. [32]Éramos doce hermanos, hijos del mismo padre; uno desapareció, y el menor se ha quedado con nuestro padre en la tierra de Canaán". [33]Pero el hombre, señor de aquella tierra, nos dijo: "En esto conoceré que sois honrados: dejad conmigo a uno de los hermanos; los demás, vayan a llevar el grano a sus familias hambrientas. [34]Luego me traeréis a vuestro hermano menor, y así sabré que sois honrados, y no unos espías. Entonces os devolveré a vuestro hermano, y podréis moveros libremente por el país"». [35]Cuando vaciaron los sacos, cada uno tenía la bolsa de su dinero en su propio saco. Al ver las bolsas de su dinero, ellos y su padre se asustaron. [36]Jacob, su padre, les dijo: «Me vais a dejar sin hijos. José desapareció, Simeón desapareció, y ahora os queréis llevar a Benjamín. Todo recae sobre mí». [37]Pero Rubén contestó a su padre: «Haz morir a mis dos hijos si no te lo devuelvo; ponlo en mis manos y te lo devolveré». [38]Él dijo: «Mi hijo no bajará con vosotros. Su hermano murió, y solo me queda él. Si le ocurriera una desgracia en el viaje que vais a emprender, hundiríais de pena mis canas en el abismo».

43 [1]El hambre arreciaba en el país. [2]Cuando terminaron las provisiones que habían traído de Egipto, su padre les dijo: «Volved y comprad algunos alimentos para nosotros». [3]Pero Judá le contestó: «Aquel hombre nos advirtió reiteradamente: "No os presentéis ante mí si no me traéis a vuestro hermano". [4]Si dejas a nuestro hermano venir con nosotros, bajaremos a comprarte provisiones; [5]pero si no lo dejas, no bajaremos, pues el hombre aquel nos dijo: "No os presentéis ante mí si no me traéis a vuestro hermano"». [6]Israel preguntó: «¿Por qué me habéis hecho el daño de decir a aquel hombre que teníais otro hermano?». [7]Contestaron: «Aquel hombre nos preguntó insistentemente: "¿Vive todavía vuestro padre? ¿Tenéis más hermanos?". Nosotros no hicimos más que responder a sus preguntas; ¿cómo podíamos saber que nos iba a decir: "Traed a vuestro hermano"?». [8]Judá dijo a su padre Israel: «Deja que el muchacho venga conmigo, para que podamos marchar y sobrevivir. De lo contrario, moriremos nosotros, tú y nuestros niños. [9]Yo respondo de él; a mí me pedirás cuentas: si no te lo devuelvo y lo presento ante ti, seré culpable ante ti toda la vida. [10]Si no nos hubiéramos entretenido tanto, ahora ya estaríamos de vuelta por segunda vez». [11]Su padre Israel les respondió: «Si tiene que ser así, hacedlo; tomad de los mejores productos del país en vuestro equipaje y llevádselos como regalo a aquel hombre: un poco de bálsamo y un poco de miel, goma, ládano, pistachos y almendras. [12]Tomad también doble cantidad de dinero, para restituir personalmente el dinero que pusieron en la boca de vuestros sacos, quizás por error. [13]Tomad a vuestro hermano y volved a ver a aquel hombre. [14]Que Dios todopoderoso os conceda el favor de ese hombre para que deje volver a vuestro hermano y a Benjamín. En cuanto a mí, si he de perder a mis hijos, los perderé». [15]Ellos tomaron consigo los regalos; tomaron asimismo doble cantidad de dinero y a Benjamín. Se pusieron en marcha, bajaron a Egipto y se presentaron a José. [16]Cuando José vio con ellos a Benjamín, dijo a su mayordomo: «Lleva a estos hombres a casa, mata una res y prepárala, pues al mediodía comerán conmigo». [17]El mayordomo hizo lo que ordenó José y llevó a los hombres a casa de José. [18]Cuando los llevaba a casa de José, sintieron miedo y se decían: «Nos lleva allí por lo del dinero, devuelto en nuestros sacos la primera vez, para tendernos una trampa, detenernos, tomar nuestros asnos y hacernos esclavos». [19]Y acercándose al mayordomo de José, le dijeron a la puerta de la casa: [20]«Por favor, señor; nosotros bajamos en otra ocasión a comprar provisiones. [21]Cuando llegamos a la posada y abrimos nuestros sacos, el dinero que había pagado cada uno estaba en la boca de su saco, y lo hemos traído con nosotros. [22]Además traemos otra cantidad para comprar provisiones; no sabemos quién metió el dinero en nuestros sacos». [23]Él contestó: «Estad tranquilos, no temáis. Vuestro Dios y el Dios de vuestro padre os metió ese tesoro en vuestros sacos; vuestro dinero lo recibí yo». Y les sacó a Simeón. [24]Después los hizo entrar en casa de

José, les dio agua para que se lavaran los pies y echó pienso a sus asnos. ²⁵Ellos dispusieron los regalos para cuando llegase José a mediodía, pues habían oído que iban a comer allí. ²⁶Cuando José llegó a casa, ellos le ofrecieron los regalos que habían traído y se postraron ante él en tierra. ²⁷Él les preguntó qué tal estaban y les dijo: «¿Está bien vuestro anciano padre, del que me hablasteis? ¿Vive aún?». ²⁸Contestaron: «Tu servidor, nuestro padre, está bien; vive todavía». Y se inclinaron respetuosamente. ²⁹José alzó la vista y, viendo a su hermano Benjamín, hijo de su madre, preguntó: «¿Es este vuestro hermano menor, de quien me hablasteis?». Y añadió: «Dios te conceda su favor, hijo mío». ³⁰Entonces José salió deprisa, pues, conmovido por su hermano, le vinieron ganas de llorar; y entrando en su habitación, lloró allí. ³¹Después se lavó la cara, regresó y, conteniéndose, dijo: «Servid la comida». ³²A él le sirvieron por un lado, a ellos por otro y a los egipcios que comían con él, por otro. (Porque los egipcios no pueden comer con los hebreos, pues sería detestable para ellos). ³³Ellos se sentaron frente a él, por orden de antigüedad, desde el primogénito hasta el menor, y se miraban entre sí asombrados. ³⁴José les hacía pasar porciones de lo que tenía ante sí; pero la porción de Benjamín era cinco veces mayor que las de todos ellos. Y bebieron y se alegraron en su compañía.

44 ¹Luego dio la siguiente orden al mayordomo de su casa: «Llena los sacos de estos hombres con todos los víveres que quepan y pon el dinero de cada uno en la boca de su saco; ²y mi copa, la de plata, la metes en la boca del saco del menor junto con el dinero de su grano». Él hizo como le mandaban. ³Al amanecer, despacharon a los hombres con sus asnos. ⁴Apenas habían salido de la ciudad, no estaban lejos, cuando José dijo a su mayordomo: «Anda, sal en persecución de esos hombres y cuando los alcances diles: "¿Por qué me devolvéis mal por bien? ¿Por qué me habéis robado la copa de plata ⁵en que bebe mi señor y con la que suele adivinar? Habéis obrado mal"». ⁶Cuando los alcanzó, les repitió estas palabras, [7]pero ellos replicaron: «¿Por qué habla mi señor en estos términos? Lejos de tus servidores obrar de tal manera. [8]Si te hemos devuelto desde la tierra de Canaán el dinero que encontramos en las bocas de nuestros sacos, ¿cómo íbamos a robar en casa de tu señor oro o plata? [9]Si se la encuentras a alguno de tus servidores, que muera; y también los demás seremos esclavos de nuestro señor». [10]Respondió él: «Sea como decís: a quien se la encuentre, será mi esclavo, pero los demás quedaréis libres». [11]Cada uno se apresuró a descargar su saco en tierra y a abrirlo. [12]Él los registró, comenzando por el del mayor y terminando por el del menor, y encontró la copa en el saco de Benjamín. [13]Ellos se rasgaron entonces las vestiduras; cada uno cargó su asno y volvieron a la ciudad. [14]Judá y sus hermanos entraron en casa de José, que estaba todavía allí, y se echaron por tierra ante él. [15]José les dijo: «¿Qué habéis hecho? ¿No sabíais que uno como yo es capaz de adivinar?». [16]Judá contestó: «¿Qué podemos decir a mi señor? ¿Qué podemos alegar y cómo probar nuestra inocencia? Dios ha descubierto la culpa de tus servidores. Esclavos somos de mi señor, lo mismo que aquel en cuyo poder se ha encontrado la copa». [17]Pero él respondió: «¡Lejos de mí obrar de tal manera! Aquel en cuyo poder se ha encontrado la copa será mi esclavo, los demás volveréis en paz a casa de vuestro padre». [18]Judá se acercó a José y le dijo: «Permite a tu servidor decir una palabra en presencia de su señor; no se enfade mi señor conmigo, pues eres como el faraón. [19]Mi señor interrogó a sus servidores: "¿Tenéis padre o algún hermano?", [20]y respondimos a mi señor: "Tenemos un padre anciano y un hijo pequeño que le ha nacido en la vejez; un hermano suyo murió, y solo le queda este de aquella mujer; su padre lo adora". [21]Tú dijiste a tus servidores: "Traédmelo para que lo conozca". [22]Nosotros respondimos a mi señor: "El muchacho no puede dejar a su padre; si se separa, su padre morirá". [23]Pero tú dijiste a tus servidores: "Si no baja vuestro hermano menor con vosotros, no volveréis a verme". [24]Cuando subimos a casa de tu servidor, nuestro padre, le contamos todas las palabras de mi señor; ²⁵y nuestro padre nos dijo: "Volved a comprar algunos alimentos". ²⁶Le dijimos: "No podemos bajar si no viene nuestro hermano menor con nosotros". ²⁷Él replicó: "Sabéis que mi mujer me dio dos hijos: ²⁸uno se apartó de mí y pienso que lo ha despedazado una fiera, pues no he vuelto a verlo; ²⁹si arrancáis también a este de mi lado y le sucede una desgracia, hundiréis de pena mis canas en el abismo". ³⁰Ahora, pues, si vuelvo a tu servidor, mi padre, sin llevar conmigo al muchacho, a quien quiere con toda el alma, ³¹cuando vea que falta el muchacho, morirá, y tus servidores habrán hundido de pena las canas de tu servidor, nuestro padre, en el abismo. ³²Además, tu servidor ha salido fiador por el muchacho ante mi padre, jurando: "Si no te lo traigo, seré culpable ante mi padre toda la vida". ³³Ahora, pues, permite que tu servidor se quede como esclavo de mi señor, en lugar del muchacho, y que el muchacho vuelva con sus hermanos, ³⁴porque ¿cómo voy yo a volver a mi padre sin llevar conmigo al muchacho? No quiero ver la desgracia que se abatirá sobre mi padre».

45 ¹José no pudo contenerse en presencia de su corte y gritó: «Salid todos de mi presencia». No había nadie cuando José se dio a conocer a sus hermanos. ²Rompió a llorar fuerte, de modo que los egipcios lo oyeron y la noticia llegó a casa del faraón. ³José dijo a sus hermanos: «Yo soy José; ¿vive todavía mi padre?». Sus hermanos, perplejos, se quedaron sin respuesta. ⁴Dijo, pues, José a sus hermanos: «Acercaos a mí». Se acercaron, y les repitió: «Yo soy José, vuestro hermano, el que vendisteis a los egipcios. ⁵Pero ahora no os preocupéis, ni os pese el haberme vendido aquí, pues para preservar la vida me envió Dios delante de vosotros. ⁶Van dos años de hambre en el país y aún quedan cinco años en que no habrá arada ni siega. ⁷Dios me envió delante de vosotros para aseguraros supervivencia en la tierra y para salvar vuestras vidas de modo admirable. ⁸Así pues, no fuisteis vosotros quienes me enviasteis aquí, sino Dios; él me ha hecho padre del faraón, señor de toda su casa y gobernador de toda la tierra de Egipto. ⁹Apresuraos a subir adonde se encuentra mi padre y decidle: "Esto dice tu hijo José: Dios me ha hecho señor de todo Egipto; baja a mí sin demora. [10]Habitarás en la tierra de Gosén, y estarás cerca de mí con tus hijos y nietos, con tus ovejas, vacas y todo cuanto posees. [11]Yo te mantendré allí, pues quedan todavía cinco años de hambre, para que no carezcas de nada ni tú, ni tu casa ni todo lo tuyo". [12]Vosotros estáis viendo con vuestros propios ojos, y también mi hermano Benjamín con los suyos, que os hablo yo en persona. [13]Informad a mi padre de toda mi autoridad en Egipto y de todo lo que habéis visto, y apresuraos a bajar aquí a mi padre». [14]Y echándose al cuello de su hermano Benjamín, rompió a llorar; y lo mismo hizo Benjamín. [15]Luego besó a todos sus hermanos, llorando al abrazarlos. Entonces sus hermanos hablaron con él. [16]Llegó al palacio del faraón la siguiente noticia: «Han venido los hermanos de José»; el faraón y sus servidores se alegraron. [17]Dijo el faraón a José: «Di a tus hermanos: "Haced lo siguiente: cargad vuestros asnos y regresad a la tierra de Canaán; [18]luego tomad a vuestro padre y vuestras familias y volved acá. Yo os daré lo mejor de la tierra de Egipto y comeréis lo más sustancioso del país". [19]Diles también: "Tomad carros en Egipto para transportar a vuestros niños, a vuestras mujeres y a vuestro padre, y volved. [20]No os preocupéis por vuestras pertenencias, pues lo mejor de la tierra de Egipto será para vosotros"». [21]Así lo hicieron los hijos de Israel. José les dio carros, según las órdenes del faraón, y provisiones para el camino. [22]Dio además una muda a cada uno, y a Benjamín le dio trescientas monedas de plata y cinco mudas. [23]A su padre le envió diez asnos cargados con lo mejor de Egipto y diez borricas cargadas de grano, de pan y de víveres para el camino. [24]Después despidió a sus hermanos; cuando se iban, les dijo: «No riñáis por el camino». [25]Partieron, pues, de Egipto, y llegaron a la tierra de Canaán, donde estaba su padre Jacob. [26]Cuando le comunicaron que José vivía aún y que gobernaba en toda la tierra de Egipto, se le encogió el corazón, pues no podía creerlo. [27]Entonces le contaron todo lo que les había dicho

José, y al ver los carros que José había enviado para transportarlo, Jacob su padre recobró el aliento. ²⁸Dijo Israel: «¡Basta! Mi hijo José vive aún; iré a verle antes de morir».

46¹Israel se puso en camino con todo lo que tenía, llegó a Berseba y allí ofreció sacrificios al Dios de su padre Isaac. ²Dios dijo a Israel en una visión nocturna: «Jacob, Jacob». Respondió: «Aquí estoy». ³Dios le dijo: «Yo soy Dios, el Dios de tu padre; no temas bajar a Egipto, porque allí te convertiré en una gran nación. ⁴Yo bajaré contigo a Egipto, y yo mismo te haré subir; y José te cerrará los ojos». ⁵Al salir Jacob de Berseba, los hijos de Israel hicieron montar a su padre con los niños y las mujeres en las carretas que el faraón había enviado para transportarlos. ⁶Tomaron el ganado y las posesiones que habían adquirido en la tierra de Canaán y emigraron a Egipto Jacob con todos sus descendientes: ⁷hijos y nietos, hijas y nietas. Llevó consigo a Egipto a todos sus descendientes. ⁸Estos son los nombres de los hijos de Israel que emigraron a Egipto, Jacob y sus descendientes: Rubén, primogénito de Jacob. ⁹Hijos de Rubén: Janoc, Palú, Jesrón y Carmí. ¹⁰Hijos de Simeón: Yemuel, Yamín, Oad, Yaquín, Sojar y Saúl, hijo de la cananea. ¹¹Hijos de Leví: Guersón, Queat y Merarí. ¹²Hijos de Judá: Er, Onán, Sela, Peres y Zeraj. Er y Onán habían muerto en tierra de Canaán. Hijos de Peres: Jesrón y Jamul. ¹³Hijos de Isacar: Tola, Pua, Yasub y Simrón. ¹⁴Hijos de Zabulón: Sered, Elón y Yajleel. ¹⁵Estos son los hijos que Lía dio a Jacob en Padán Arán, además de su hija Dina. Total, entre hijos e hijas, treinta y tres personas. ¹⁶Hijos de Gad: Sifión, Jaguí, Suní, Esbón, Erí, Arodí y Arelí. ¹⁷Hijos de Aser: Yimná, Yisvá, Yisví, Beriá y su hermana Seraj. Hijos de Beriá: Jéber y Malquiel. ¹⁸Estos son los hijos de Jacob y Zilpa, la criada que Labán dio a su hija Lía. Total, dieciséis personas. ¹⁹Hijos de Raquel, mujer de Jacob: José y Benjamín. ²⁰A José le nacieron en Egipto Manasés y Efraín, de Asenat, hija de Potipera, sacerdote de On. ²¹Hijos de Benjamín: Bela, Béquer, Asbel, Guera, Naamán, Ejí, Ros, Mupín, Jupín y Ared. ²²Estos son los hijos que Raquel dio a Jacob. Total, catorce personas. ²³Hijos de Dan: Jusín. ²⁴Hijos de Neftalí: Yajseel, Guní, Yéser y Silen. ²⁵Estos son los hijos de Bilá, la criada que Labán dio a su hija Raquel. Total, siete personas. ²⁶Todas las personas que emigraron con Jacob a Egipto, nacidas de él, sin contar las mujeres de los hijos de Jacob, eran en total sesenta y seis. ²⁷Los hijos de José nacidos en Egipto eran dos. El total de las personas de la familia de Jacob que emigró a Egipto fue de setenta. ²⁸Jacob envió a Judá por delante, adonde estaba José, para preparar el sitio en Gosén. Cuando llegaron a Gosén, ²⁹José hizo enganchar la carroza y se dirigió a Gosén a recibir a su padre. Al verlo se le echó al cuello y lloró abrazado a él. ³⁰Israel dijo a José: «Ahora puedo morir, después de haber contemplado tu rostro y ver que vives todavía». ³¹José dijo a sus hermanos y a la familia de su padre: «Voy a subir a informar al faraón: "Han venido mis hermanos y la familia de mi padre, que estaban en la tierra de Canaán. ³²Son pastores de rebaños, que cuidan del ganado; han traído sus ovejas, sus vacas y todo lo que tenían". ³³Cuando el faraón os llame y os pregunte: "¿Cuál es vuestra ocupación?", ³⁴responderéis: "Tus servidores han sido pastores desde la juventud hasta ahora, tanto nosotros como nuestros padres". Así os dejará habitar en el territorio de Gosén». (Porque los egipcios detestan a todos los pastores de rebaños).

47 ¹José fue a informar al faraón: «Mi padre y mis hermanos, con sus ovejas, sus vacas y todo lo que tienen, han venido de la tierra de Canaán y están en el territorio de Gosén». ²Él había llevado consigo a cinco de sus hermanos y se los presentó al faraón. ³El faraón les preguntó: «¿Cuál es vuestra ocupación?». Respondieron al faraón: «Tus servidores son pastores de rebaños, tanto nosotros como nuestros padres». ⁴Y añadieron: «Hemos venido a residir en este país, porque en la tierra de Canaán no hay pasto para los rebaños de tus servidores y el hambre arrecia. Así pues, permite a tus servidores establecerse en el territorio de Gosén». ⁵Entonces el faraón dijo a José: «Tu padre y tus hermanos han venido a ti. ⁶La tierra de Egipto está a vuestra disposición; instala a tu padre y a tus hermanos en lo mejor del país. Que se establezcan en el territorio de Gosén y, si conoces entre ellos algunos hombres capaces, que se hagan cargo de mi ganado». ⁷José hizo venir a su padre Jacob y se lo presentó al faraón, y Jacob saludó al faraón con una bendición. ⁸El faraón le preguntó: «¿Cuántos años tienes?». ⁹Respondió Jacob al faraón: «Ciento treinta son los años de mi peregrinación. Pocos y malos han sido estos años de mi vida, y no llegan a los que vivieron mis padres en su peregrinación». ¹⁰Después se despidió del faraón con una bendición y salió de su presencia. ¹¹José instaló a su padre y a sus hermanos, y les dio propiedades en Egipto, en lo mejor del país, en la región de Ramsés, como había mandado el faraón. ¹²Además, José proveyó de pan a su padre, a sus hermanos y a toda la casa de su padre, hasta los más jóvenes. ¹³No había pan en todo el país, porque el hambre arreciaba sobremanera y consumía la tierra de Egipto y el de Canaán. ¹⁴José acaparó todo el dinero que había en la tierra de Egipto y en el de Canaán a cambio de las provisiones que distribuía; y juntó todo el dinero en el palacio del faraón. ¹⁵Cuando se acabó el dinero en la tierra de Egipto y en el de Canaán, todos los egipcios acudían a José, diciendo: «Danos pan; ¿por qué hemos de morir ante tus ojos? El dinero se ha acabado». ¹⁶José replicó: «Traed vuestro ganado y os daré pan a cambio del ganado, si se os ha acabado el dinero». ¹⁷Ellos traían su ganado a José, que les daba pan a cambio de caballos, de ovejas, de vacas y de asnos. Durante un año les estuvo proveyendo de pan a cambio de todo su ganado. ¹⁸Pasado aquel año, volvieron a él al año siguiente y le dijeron: «No podemos ocultar a mi señor que se nos ha acabado el dinero y que también el ganado pertenece a mi señor; a disposición de mi señor no nos quedan más que nuestras personas y nuestras tierras. ¹⁹ ¿Por qué hemos de perecer a tus ojos, nosotros y nuestras tierras? Cómpranos a nosotros y a nuestras tierras a cambio de pan, y nosotros con nuestras tierras seremos esclavos del faraón. Danos semilla para que podamos sobrevivir y no perezcamos, y para que nuestras tierras no queden devastadas». [20]Así fue como José compró para el faraón toda la tierra de Egipto, porque los egipcios vendieron cada uno su campo, dado que arreciaba el hambre. Y así, la tierra pasó a ser propiedad del faraón, [21]al tiempo que iba sometiendo a servidumbre a todo el pueblo, desde un extremo de Egipto hasta el otro. [22]Solo dejó de comprar las tierras de los sacerdotes, porque a los sacerdotes les había asignado una renta el faraón y vivían de esta renta; por eso no tuvieron que vender sus tierras. [23]José dijo al pueblo: «Hoy os he comprado para el faraón, a vosotros con vuestras tierras; aquí tenéis simiente para sembrar la tierra. [24]Al tiempo de la cosecha daréis la quinta parte al faraón, las otras cuatro partes serán para vosotros, para la siembra del campo y para alimento vuestro, de vuestras familias y niños». [25]Ellos respondieron: «Nos has salvado la vida. Obtengamos el favor de mi señor y seremos esclavos del faraón». [26]Y José impuso por ley, hoy todavía en vigor, que una quinta parte del suelo egipcio fuera para el faraón. Solo las tierras de los sacerdotes no pasaron a ser propiedad del faraón. [27]Israel se estableció en la tierra de Egipto, en el territorio de Gosén; adquirió propiedades allí, fue fecundo y se multiplicó mucho. [28]Jacob vivió en la tierra de Egipto diecisiete años; y toda la vida de Jacob duró ciento cuarenta y siete años. [29]Cuando se acercaba para Israel la hora de la muerte, llamó a su hijo José y le dijo: «Si he obtenido tu favor, pon tu mano bajo mi muslo en prenda de tu benevolencia y lealtad conmigo: no me entierres en Egipto. [30]Cuando me duerma con mis padres, sácame de Egipto y entiérrame en la sepultura con ellos». Él contestó: «Haré lo que me dices». [31]Dijo Israel: «Júramelo». Y se lo juró. E Israel se inclinó sobre la cabecera de la cama.

48[1]Después de estos sucesos le dijeron a José: «Tu padre está enfermo». Él tomó consigo a sus dos hijos, Manasés y Efraín. [2]Cuando comunicaron a Jacob que había venido a verle su hijo José, entonces Israel hizo un esfuerzo y se sentó en la cama. [3]Jacob dijo a José: «El Dios todopoderoso se me apareció en Luz, en la tierra de Canaán, y me bendijo [4]con estas palabras: "Yo te haré fecundo, te multiplicaré y haré de ti una multitud de pueblos; a tus descendientes daré esta tierra en posesión perpetua". [5]Ahora, los dos hijos que te nacieron en la tierra de Egipto antes de venir yo a vivir contigo en Egipto serán míos: Efraín y Manasés serán para mí como Rubén y Simeón. [6]Los que te nazcan después serán tuyos, y se les convocará en nombre de sus hermanos para recibir la herencia. [7]Cuando yo volvía de Padán, durante el viaje se me murió Raquel, en tierra de Canaán, cerca de Efratá; y la enterré allí, en el camino de Efratá» (hoy Belén). [8]Viendo Israel a los hijos de José, preguntó: «¿Quiénes son estos?». [9]Y José respondió a su padre: «Son mis hijos, los que Dios me concedió aquí». Dijo él: «Tráemelos, para que los bendiga». [10]Los ojos de Israel se habían debilitado por la vejez y no veía bien. José se los acercó, y él los besó y los abrazó. [11]Luego dijo Israel a José: «No esperaba volver a verte, pero Dios me ha concedido ver también a tus descendientes». [12]José los retiró de las rodillas de su padre, y se postró rostro en tierra. [13]Después tomó a los dos: a Efraín con su mano derecha, a la izquierda de Israel, y a Manasés con su mano izquierda, a la derecha de Israel, y se los acercó. [14]Israel extendió su mano derecha y la puso sobre la cabeza de Efraín, el menor, y su mano izquierda sobre la cabeza de Manasés, cruzando los brazos, pues Manasés era el primogénito. [15]Y los bendijo, diciendo: «El Dios en cuya presencia caminaron | mis padres Abrahán e Isaac, | el Dios que me ha pastoreado | desde mi nacimiento hasta hoy, | [16]el ángel que me ha librado de todo mal, | bendiga a estos muchachos. | Se recuerde en ellos mi nombre | y el nombre de mis padres Abrahán e Isaac, | y se multipliquen sobremanera | en medio de la tierra». [17]Cuando José vio que su padre había puesto su mano derecha sobre la cabeza de Efraín, le pareció mal; y, tomando la mano de su padre para cambiarla de la cabeza de Efraín a la de Manasés, [18]le dijo a su padre: «Así no, padre; pues el primogénito es el otro; pon tu mano derecha sobre su cabeza». [19]Pero su padre rehusó, diciendo: «Lo sé, hijo mío, lo sé; también este se convertirá en un pueblo y será grande. Pero su hermano menor será más grande que él y su descendencia será una multitud de naciones». [20]Y los bendijo aquel día con estas palabras: «En tu nombre se bendecirá Israel; se dirá: Dios os haga como Efraín y Manasés». Y puso a Efraín delante de Manasés. [21]Después Israel dijo a José: «Yo voy a morir, pero Dios estará con vosotros y os llevará de nuevo a la tierra de vuestros padres. [22]Yo te entrego Siquén, con preferencia a tus hermanos, pues la conquisté a los amorreos con mi espada y mi arco».

49 [1]Jacob llamó a sus hijos y les dijo: «Reuníos, que os voy a contar lo que os va a suceder en el futuro; [2]agrupaos y escuchadme, hijos de Jacob, oíd a vuestro padre Israel: [3]Tú, Rubén, mi primogénito, | mi fuerza y primicia de mi virilidad, | primero en honor, primero en poder. [4]Burbujeante como agua, no descollarás; | porque subiste al lecho de tu padre, | lo profanaste, escalando mi tálamo. [5]Simeón y Leví, hermanos, | armas criminales sus espadas. [6]Ojalá no participe yo en sus consejos, | ni me siente yo en su asamblea, | pues mataron hombres ferozmente, | y mutilaron bueyes a su antojo. [7]Maldita su furia, tan cruel, | y su cólera implacable. | Los repartiré entre Jacob | y los dispersaré por Israel. [8]A ti, Judá, te alabarán tus hermanos, | pondrás tu mano sobre la cerviz de tus enemigos, | se postrarán ante ti los hijos de tu padre. [9]Judá es un león agazapado, | has vuelto de hacer presa, hijo mío; | se agacha y se tumba como león | o como leona, ¿quién se atreve a desafiarlo? [10]No se apartará de Judá el cetro, | ni el bastón de mando de entre sus rodillas, | hasta que venga aquel a quien está reservado, | y le rindan homenaje los pueblos. [11]Ata su asno a una viña, | y a una cepa, el pollino de la asna; | lava su sayo en vino, | y su túnica en sangre de uvas. [12]Sus ojos son más oscuros que vino, | y sus dientes más blancos que leche. [13]Zabulón morará junto a la costa, | será un puerto para los barcos, | vuelto a Sidón su flanco. ¹⁴Isacar, asno robusto, | se acuclilla entre las alforjas. ¹⁵Viendo qué bueno es el establo | y qué placentero el país, | inclinó su lomo a la carga | y aceptó trabajos de esclavo. ¹⁶Dan gobernará a su pueblo, | como una de las tribus de Israel. ¹⁷Dan es culebra junto al camino, | víbora junto al sendero. | Muerde los talones del caballo, | y cae de espaldas su jinete. ¹⁸Espero tu salvación, Señor. ¹⁹Gad: le asaltarán los bandidos, | y él los asaltará por la espada. ²⁰De Aser viene el grano suculento, | que proporciona manjares de reyes. ²¹Neftalí, cierva suelta, | que da hermosos cervatillos. ²²José es un potro salvaje, | un potro junto a la fuente, | asnos salvajes en una ladera. ²³Los arqueros los hostigan, | los persiguen y los atacan. ²⁴Pero su arco se queda rígido, | y tiemblan sus manos y sus brazos, | ante el Fuerte de Jacob, | el Pastor, la Roca de Israel. ²⁵El Dios de tu padre te auxilia, | el Todopoderoso te bendice: | bendiciones de lo alto del cielo, | bendiciones de lo profundo del océano, | bendiciones de pechos y ubres. ²⁶Las bendiciones de tu padre superan | las bendiciones de los collados antiguos, | las delicias de las colinas perdurables. | Descansen sobre la cabeza de José, | coronen al elegido entre sus hermanos. ²⁷Benjamín, lobo rapaz: | por la mañana devora la presa, | por la tarde reparte los despojos». ²⁸Todas estas son las tribus de Israel, doce en total, y esto es lo que su padre les dijo al bendecirlos, dando a cada uno su bendición pertinente. ²⁹Luego les dio estas instrucciones: «Cuando me reúna con los míos, enterradme con mis padres en la cueva del campo de Efrón, el hitita, ³⁰la cueva del campo de Macpela frente a Mambré, en la tierra de Canaán, la que compró Abrahán a Efrón, el hitita, como sepulcro en propiedad. ³¹Allí enterraron a Abrahán y Sara, su mujer; allí enterraron a Isaac y a Rebeca, su mujer; allí enterré yo a Lía. ³²El campo y la cueva fueron comprados a los hititas». ³³Cuando Jacob terminó de dar instrucciones a sus hijos, recogió los pies en la cama, expiró y se reunió con los suyos.

50¹José se echó sobre el rostro de su padre, lloró sobre él y lo besó. ²Después José mandó a los médicos de su servicio embalsamar a su padre y los médicos embalsamaron a Israel. ³Tardaron cuarenta días, que es lo que se suele tardar en embalsamar. Los egipcios le guardaron luto setenta días. ⁴Pasados los días del duelo, dijo José a la corte del faraón: «Si he obtenido vuestro favor, exponed ante el faraón este ruego mío: ⁵"Mi padre me hizo jurar, diciendo: cuando muera, me enterrarás en el sepulcro que me preparé en la tierra de Canaán. Ahora, pues, déjame subir a enterrar a mi padre y después volveré"». ⁶Contestó el faraón: «Sube y entierra a tu padre, como él te hizo jurar». ⁷José subió a enterrar a su padre, y con él subieron todos los servidores del faraón, los ancianos de la corte y los ancianos de la tierra de Egipto ⁸y toda la familia de José, sus hermanos y la familia de su padre. Solo quedaron en la tierra de Gosén los niños, las ovejas y las vacas. ⁹Subieron con él también carros y jinetes. El cortejo era muy numeroso. ¹⁰Cuando llegaron a Goren Atad, que está al otro lado del Jordán, celebraron un funeral solemne e impresionante; y José hizo duelo siete días por su padre. ¹¹Al ver los cananeos, que habitaban el país, el funeral de Goren Atad, dijeron: «Gran duelo este de los egipcios». Por eso el lugar se llamó Abel Misráin, que está al otro lado del Jordán. ¹²Así los hijos de Jacob hicieron con él lo que les había mandado: ¹³lo llevaron a la tierra de Canaán, lo enterraron en la cueva del campo de Macpela, frente a Mambré, el campo que Abrahán había comprado a Efrón, el hitita, como sepulcro en propiedad. ¹⁴Después de enterrar a su padre, José volvió a Egipto con sus hermanos y con todos los que habían subido con él a enterrar a su padre. ¹⁵Cuando los hermanos de José vieron que había muerto su padre, se dijeron: «A ver si José nos guarda rencor y quiere pagarnos todo el mal que le hicimos». ¹⁶Y mandaron decir a José: «Antes de morir tu padre nos encargó: ¹⁷"Esto diréis a José: Perdona a tus hermanos su crimen y su pecado y el mal que te hicieron. Por tanto, perdona el crimen de los siervos del Dios de tu padre"». José al oírlo se echó a llorar. [18]Entonces vinieron sus hermanos, se postraron ante él y le dijeron: «Aquí nos tienes, somos tus siervos». [19]Pero José les respondió: «No temáis, ¿soy yo acaso Dios? [20]Vosotros intentasteis hacerme mal, pero Dios intentaba hacer bien, para dar vida a un pueblo numeroso, como hoy somos. [21]Por tanto, no temáis; yo os mantendré a vosotros y a vuestros hijos». Y los consoló hablándoles al corazón. [22]José habitó en Egipto con la familia de su padre; y vivió ciento diez años. [23]José llegó a conocer a los descendientes de Efraín, hasta la tercera generación, y también a los hijos de Maquir, hijo de Manasés, que nacieron sobre sus rodillas. [24]Más adelante, José dijo a sus hermanos: «Yo voy a morir, pero Dios cuidará de vosotros y os llevará de esta tierra a la tierra que juró dar a Abrahán, Isaac y Jacob». [25]Luego José hizo jurar a los hijos de Israel: «Cuando Dios os visite, os llevaréis mis huesos de aquí». [26]José murió a los ciento diez años. Lo embalsamaron y lo pusieron en un sarcófago en Egipto"

INTRODUCCIÓN

Las palabras no están hechas para permanecer inertes en los libros, sino para poseernos cuando las leemos y así recorrer el mundo en nosotros. Como destellos de fuego nos alcanzan, nos invaden, y habitados por ellas recorremos los caminos de la vida, contagiando a los demás la fuerza de su mensaje.

Nos rodean tantas voces que anuncian malas noticias, que las bellas palabras que traen buenas noticias no resuenan, y son apagadas en medio del bullicio de nuestras ciudades, como si fueran voces ingenuas, llenas de fantasía.

Pero la verdad más profunda de la existencia es que no hemos sido creados para el bullicio y la aceleración. Desde la fe, vivir es una danza sin fin, en la que el creyente se deja llevar en los brazos de Dios, que dirige la danza con una mano muy segura, y al mismo tiempo rebosante de fantasía, al ritmo de los encuentros y acontecimientos diarios.

Si percibimos que cada día es una obra de arte de Dios con nosotros, y el corazón anda ligero abandonado en las manos de Dios al ritmo de su danza, entonces la vida ya no está pesadamente programada, y se convierte en una aventura llena de riesgos y belleza.

Bailar la vida con Dios es una fiesta sin fin, donde no hay jolgorio ni algarabía, pero donde el encuentro continuo con el artesano de la Vida se renueva en los brazos de la gracia.

Cuando me acerco a las vidas que narran los relatos bíblicos, veo reflejada en ellos algo de esta aventura y de esta danza con Dios. Y cuando miro al interior de nuestros pueblos y ciudades, veo un mundo apagado en el desencanto, sin aventura y sin danza con el Creador.

Por eso nos apremia hoy recuperar esta danza sin fin de los que arriesgan cada día, sin calcularlo todo, dejándose hacer en manos de Dios, hasta ser un *tejido vivo* valientemente encarnado en la realidad que nos rodea.

Un alma postrada en adoración al texto

El Evangelio tiene una virtud iluminadora y transformante, un don de Dios permanente y poderoso, que para revelar su misterio no reclama ningún decorado, ninguna erudición ni técnica. Sólo necesita de un alma postrada en adoración ante el texto y un corazón despojado de toda confianza exclusiva en el hombre.

Pero los textos bíblicos del Antiguo Testamento no son menos que el Evangelio, ni son textos anticuados y superados. En sus relatos, oraciones, y oráculos se han esparcido "semillas del Verbo", gérmenes que anuncian ya el Evangelio y nos muestran sus raíces. Por eso me aventuro a escribiros en estas páginas lo que voy descubriendo de estas semillas de Dios sembradas en la Biblia.

Mi experiencia es que llenan de agua viva el odre de la existencia humana.

La Biblia no está hecha para espíritus en busca de ideas. Está hecha para discípulos que quieran obedecer. Sus palabras hay que escucharlas al borde mismo de donde salen, en su simplicidad abrupta, desprovista de todo comentario. Después, en un segundo tiempo, vendrán las confrontaciones con las glosas y traducciones. Pero tiene primacía el contacto directo con el texto y el hacerlo vida en su simplicidad. Y por la práctica de sus enseñanzas en lo cotidiano, penetraremos cada vez más en su conocimiento, desearemos -atraídos por sus palabras- desentrañarlas más y más en los misterios que contiene. Cada gota de misterio se convierte en un manantial de agua que sacia la sed existencial de sentido y verdad.

Los textos bíblicos no son sólo escritos del Señor vivo, sino el libro del Señor que hay que vivir y que nos enseña que se pierde el que se detiene. Cada palabra de la Biblia invita a salir, a seguir los caminos de Dios, hasta que cada uno de nosotros sea la reescritura o la edición actualizada de la Palabra de Dios para los hombres de hoy, sin reducir el Evangelio a nuestra medida, sino dejando que sea el Evangelio el diapasón de nuestros propios deseos y preferencias.

Un laborioso tejido vivo

Desde esta óptica, os invito a componer hoy un tejido vivo de fecundo servicio a la Iglesia, partiendo de la escucha atenta a Dios en la Biblia, y en esta ocasión escuchándole en el relato de José y las vicisitudes por las que pasa en su historia.

Este sentarnos a escuchar a Dios responde no sólo al cuidado de nuestra vida de oración, sino también a la invitación del Papa, con ocasión del Jubileo de la Evangelización del 2025, que nos dice:

"Debemos mantener encendida la llama de la esperanza que nos ha sido dada, y hacer todo lo posible para que cada uno recupere la fuerza y la certeza de mirar al futuro con mente abierta, corazón confiado y amplitud de miras. El próximo Jubileo puede ayudar mucho a restablecer un clima de esperanza y confianza, como signo de un nuevo renacimiento que todos percibimos como urgente. Por esa razón elegí el lema: Peregrinos de la esperanza"[1].

"Mantener encendida la llama de la esperanza", es el reto depositado en nuestras manos, -como una antorcha de vida-, con una sola meta: recuperar la mente, el corazón y los ojos del pueblo de Dios, atrofiados por la desconfianza y la desilusión.

La esperanza que nos ha sido dada no es un pedazo de mármol frío, es un apasionado y largo camino a recorrer, hasta que nuestras sandalias desgastadas hablen de los muchos pasos dados, de los avances y retrocesos, de los valles y las montañas, de los pozos escondidos y las dunas áridas, de los trayectos en caravanas y las sendas solitarias, de la noche y el día, y de todas las vicisitudes que configuran la peregrinación de la esperanza en el camino de la vida.

José, el hijo de Jacob, tiene una palabra que decirnos acerca de la esperanza en un medio hostil. Él nos ha precedido en el camino

---

1 Papa Francisco, Carta a Mons. Rino Fisichella, Presidente del Pontificio Consejo para la Nueva Evangelización, Roma 11 de febrero de 2022.

de la vida para decirnos que no somos vagabundos desorientados, sino caminantes junto a todo el pueblo de Dios.

El mero andar dando vueltas y vueltas, buscando sólo cambiar de una cosa a otra, se opone al "sereno peregrinar" del hombre creado a imagen y semejanza de Dios[2], que no sólo se enamora del dinamismo del movimiento, sino que conoce la meta efectiva hacia la que camina con tesón, y hacia ella se ha de reorientar continuamente.

Este peregrino sereno debe estar atento, para no ceder a la tentación de dejarse atrapar excesivamente por los problemas e intereses del camino cotidiano.

Esta llamada a ser "peregrinos de la esperanza" me evoca a José, hijo de Jacob, y su historia de peregrinaje, relatada en el libro del Génesis. Ocupa muchos capítulos (cf. Gén 37- 50), pero la narración -con sus ardides, sus secretos y disimulos, sus relaciones fraternales rotas y renovadas, en medio de un decorado de campamentos y palacios, de rebaños y de sacos de trigo-, parece más cotidiano, familiar y conmovedor que los episodios que le han precedido. Como si la armonía primera del Edén, o lo trágico del sacrificio de Isaac en el monte Moria, se hubiera mudado en una especie de *relato popular*.

Este relatar historias es mucho más crucial en la vida de lo que creemos; recibiéndolas cordialmente -con veneración- nos van transformando, y van creando vínculos fuertes de unidad y de pertenencia a un mismo pueblo peregrino y cuyos pasos se encaminan hacia una misma meta.

Tejiendo tiendas

Las historias que contamos y recontamos, y que transmitimos los unos a los otros, son tiendas bajo las cuales reunirse, estandartes para seguir en la batalla, cuerdas indestructibles para conectar a

---

2 Cf. Achim Shütz, "La Iglesia peregrina hacia la plenitud" (LG 48-51) en: *Cuadernos del Concilio*, Biblioteca de Autores Cristianos, Popular 256, Madrid 2023.

los vivos y los muertos, y el entretejido de estas vastas tramas, a través de los siglos y las culturas, nos une con fuerza unos a otros y a la historia, guiándonos a través de las generaciones.

Conforme voy tratando asiduamente con los textos bíblicos descubro que la Biblia es eso, un libro tejido de historias, que responde a las necesidades existenciales de cada generación, y que espero nos ayude a este renacimiento urgente que nuestro mundo necesita, para restablecer un clima de esperanza. Todos estamos necesitados de este renacimiento.

Cada relato, -como tejido hecho de "cuerdas indestructibles" que conecta todo y a todos, presente y pasado, coetáneos y ante-pasados-, nos permite abrirnos hacia el futuro con sentimientos de confianza y de esperanza, cargados de la sabiduría que brota de cada historia, ya que los relatos y sus enseñanzas nunca terminan, porque el tejido de las historias son capaces de acoger en sí situaciones siempre nuevas, y nuevos destinatarios a los que hablar, como ocurre con las aguas en el nacimiento de un río, que tras un peregrinar por montes y valles, acogiendo nuevas y pequeñas aguas, desembocan en el inmenso mar.

Cada página de este libro quiere ser un pequeño riachuelo que aporte nueva frescura al gran río del relato de la historia de José, el hijo de Jacob.

Me doy cuenta que en todos los relatos –también en los de la Biblia- hay muchos "decires", pero también "silencios" que hemos de descubrir, para no dejar escapar la savia que cada historia nos aporta. Y es que los seres humanos estamos todos unidos por una misma *sed de plenitud* que late en cada corazón, y que se plasma en cada narración, también en la historia de José que veremos de cerca.

Poco a poco, a lo largo de la vida, vamos conociendo el límite de todo lo humano y muchas cosas nos sobrepasan. A todos nos une la conciencia de un misterio que nos sobrevuela y nos supera: *el misterio del dolor*, el sufrimiento, la muerte, el sentido de la vida y la persona…; y todos estos interrogantes nos hacen pensar si habrá algo más allá de este mundo en que nos movemos tan limitado e indigente. Es una necesidad existencial saber si hay algo más allá de lo caduco y perecedero de este mundo.

Cada paso que damos, y todo nuestro peregrinar por esta tierra, nos va abriendo a lo trascendente en busca de sentido, y las historias se nos convierten en tela para velas que izamos intentando capturar un soplo de lo divino, una brisa del más allá que llene de sentido todo.

En cada relato se abre una nueva red de comunicación entre el más allá y el más acá, entre Dios y los hombres, de forma que el narrar se convierte en *el arte más espiritual* de todos y el más transformador. Como ninguna otra forma de comunicar, una historia puede cambiar nuestra forma de pensar. Las culturas antiguas y modernas siempre han considerado que las historias son mágicas por una razón: porque se puede escuchar una historia y al final ser una persona totalmente diferente[3].

En este sentido, yo percibo que cada página de la Biblia es testigo de esta *fuerza trasformadora* de los relatos compartidos. Por eso, la historia demuestra cuán importantes son las narraciones para las comunidades que comparten la misma fe, es un ejercicio que permite tocar las raíces, comprender los pasos dados por nuestros antepasados, y llevar así en nuestras manos las luces que ellos dejaron como estrellas indelebles en sus relatos.

Este ejercicio no es algo intimista, únicamente interior, sino que tiene una dimensión pública y social, de manera que el relato se revela como una *fuerza de la memoria* que es *custodia del pasado*, pero también *levadura de transformación* para el futuro, ya que aprendemos de todas las narraciones y maduramos con ellas.

Contamos nuestras historias porque necesitamos *ser escuchados*. Y escuchamos historias porque necesitamos *pertenecer*. Sí, la narrativa traspasa fronteras, cruza los confines, rompe los estereotipos y nos da acceso al pleno florecimiento del corazón humano.

---

3 Cf. A. WENIN, *La historia de José (Gén 37-50)*, Cuadernos Bíblicos 130, Editorial Verbo Divino, Estella (Navarra) 2006.

Realmente la palabra es un puente, a través del relato podemos reducir la distancia que nos separa de los demás, y creo que esto es hoy más necesario que nunca. Es urgente volver a la actividad más antigua y más humana: *el arte de contar historias*, es decir, de construir puentes con los relatos que puedan guiarnos hacia un futuro común: *un mundo reconciliado.*

De alguna manera esto es lo que hace el autor del ciclo de José cuando dice:

"Esta es la historia de Jacob. José tenía diecisiete años y pastoreaba el rebaño con sus hermanos" (Gén 37, 2)[4].

Para iniciar el relato de José toma el hilo de las generaciones, Jacob, el padre, y José, el hijo, y los une en un continuo caminar por las sendas de la vida, a modo de puente; son vidas imposibles de separar, aunque las vicisitudes de la vida los llevaron a dar vueltas, alejados uno de otro, hasta reencontrarse con una vinculación más verdadera, tras un largo caminar.

Desde esta convicción, vamos a tomar el hilo de la historia de José, e iremos desenvolviendo el regalo que nos trae a las nuevas generaciones. Y lo haremos poco a poco, como quien va descubriendo un precioso regalo y apreciando mejor su incalculable valor.

Pero antes veamos el suelo que pisamos hoy, nuestro presente, al que el relato de José tiene mucho que decir.

Momento de prueba

Estamos viviendo un momento de prueba a nivel mundial y en todos los niveles de la vida.

La Biblia habla de atravesar el fuego para describir las pruebas de la vida, como el horno prueba la vasija del alfarero (cf. Eclo

---

4 Para decir "historia" utiliza el texto hebreo la palabra "tol°dot" que significa generaciones, por tanto, es un vocablo dinámico que une historias y relatos de la vida de sucesivas generaciones.

27, 5). La vida nos prueba a todos. Es así como crecemos. Y en las pruebas de la vida se revela el propio corazón: su solidez, su misericordia, su grandeza o su pequeñez, porque te pone ante la necesidad de elegir.

En una crisis nuestros funcionalismos se tambalean, entonces tenemos que revisar y modificar nuestros roles y hábitos, para poder salir de la crisis como mejores personas. Pensemos en el samaritano: se para, se acerca, actúa, se mete en el mundo del hombre herido, en el sufrimiento del otro, y así crea un futuro nuevo con seres ungidos y curados.

Actuar al estilo del samaritano en una crisis implica dejarme golpear por lo que veo, sabiendo que el sufrimiento me va a cambiar, sin miedo al despojo de lo viejo y descubriendo lo bello en la entraña de la adversidad.

Este es el momento oportuno para soñar en grande, para repensar nuestras prioridades- lo que valoramos, lo que queremos, lo que buscamos-, y para comprometernos en lo pequeño y actuar en función de lo que hemos soñado.

Es la oportunidad de aprender a descubrir los chispazos de la voluntad de Dios en nuestros minúsculos deberes diarios.

El relato de la historia de José nos enseña a soñar en esta dirección, y a descubrir que el *estar de Dios* y su providencia recorre todos los momentos de la historia, como en todo momento estuvo con José; no le libró de las dificultades, pero le sostuvo con su cercanía y su estar junto a él, llenando de sentido todo lo acontecido.

La era moderna -que tanto desarrolló y proyectó la igualdad y la libertad- ahora necesita añadir, con el mismo impulso y tenacidad, *la fraternidad*, para enfrentar los desafíos que tenemos por delante. La *fraternidad* dará a la libertad y a la igualdad su justa sinfonía.

Y José es portador de un mensaje acerca de *la fraternidad*, él es *"aquel que busca a sus hermanos"*, lo cual define su identidad y su alma, así como la de todos nosotros.

Ciertamente, la crisis actual es -por así decirlo- nuestro "momento Noé", es decir, el tiempo de un resurgir de las aguas de la desesperanza, siempre y cuando encontremos el Arca de los lazos que nos unen, el Arca de la común pertenencia, en definitiva, de *la fraternidad* tan deseada. Un Arca llamada *"fraternidad"* es urgente en nuestros días.

La historia de Noé nos habla de frenar la ambición y el vivir dando la espalda a Dios. La regeneración de la sociedad humana, en tiempos de Noé, implicó volver a respetar los límites, y es el camino para el renacimiento de nuestro presente, en el que la gente encuentre otra vez su alma.

El relato de José va a ser una estrella que nos acompañe e indique el camino del resurgimiento a una vida nueva.

Soñar juntos y unidos

El pesimismo, que es como un portazo que le das al futuro, y a la novedad que este puede albergar, es mal consejero. Es una puerta que te niegas a abrir por miedo de que aparezca algo nuevo algún día. Para actuar en contra de este pesimismo hay que comprometerse con lo pequeño, ilusionarse con lo concreto, con las acciones positivas que uno puede hacer, ya sea para sembrar esperanza o para dar pasos de unidad.

Un tiempo de prueba es siempre un tiempo para distinguir los caminos del bien que nos conducen al futuro, de otros caminos que no nos llevan a ningún lado o nos hacen retroceder. Si tenemos claridad, podemos elegir mejor el primero.

Necesitamos estar abiertos a la realidad, y tener un sólido conjunto de criterios que nos guíen, tales como: sabernos amados por Dios, y llamados como pueblo al servicio mutuo y a la fraternidad. También necesitamos una sana capacidad para la reflexión y el silencio, necesitamos lugares de refugio de la tiranía de lo urgente. Sobre todo, necesitamos de la oración, oír la llamada del Espíritu, y cultivar el diálogo fraterno en una comunidad que contenga sueños e invite a soñar. Con estas armas, podemos leer los signos de los tiempos y optar por un camino que nos haga bien a todos.

Y si hay un paradigma de soñador en la Biblia este es José, el hijo de Jacob. Su peregrinar es luz para nuestros pasos, hasta que seamos comunidades que sueñen juntas y a la par.

Para soñar otro futuro posible, tenemos que *elegir la fraternidad* por encima del individualismo, como nuestro principio rector. *La fraternidad*, -el sentido de pertenecer unos a otros, y a todo-, es la capacidad de unirnos y trabajar juntos, frente a un horizonte compartido de posibilidades. Esto permite que las personas actúen como cuerpo, a pesar de las diferencias en los puntos de vista, la separación física y el ego humano.

Esta unión conserva y respeta la pluralidad, e invita a todos a contribuir a edificarla desde su particularidad, como hermanos y hermanas preocupados unos por otros. Necesitamos urgentemente este tipo de unidad para que el mundo crea. Y el corazón de esta fraternidad es *la oración*, que bombea la sangre renovada a todos los miembros.

En la lectura orante de la Biblia, el amor de Dios sale a purificarnos, a recordarnos que somos un pueblo en proceso de conversión hacia un vínculo de unidad. Hubo un tiempo en que no éramos un pueblo, pero ahora somos el pueblo de Dios, nos dice la primera carta de San Pedro (1 Pe 2, 10). La *cercanía de Dios* nos llama a estar unidos y soñar juntos. Nos pide recuperar nuestro sentido de pertenencia, de sabernos parte de un pueblo que camina hacia Dios. Cuando se desdibujan los puntos de referencia que heredamos, perdemos también la capacidad de unirnos como pueblo para crear un futuro mejor.

La importancia de las raíces comunes se ve con claridad en el relato de José, ellas dieron la posibilidad del reencuentro familiar de los hijos de Jacob.

Estamos invitados todos a abandonar el aislamiento autodestructivo del individualismo, a salir de mi "lagunita personal" y volcarnos al ancho cauce del río de la realidad. Nuestra dignidad nace de la cercanía de Dios a nosotros, y desde ella nace *la fraternidad*, reconstruida tantas veces como nuestro individualismo la fractura.

Son *el amor y la cercanía de Dios* los que le confieren dignidad al pueblo, y lo levantan en todo momento, ofreciéndole un horizonte de esperanza. En este sentido, siempre nos hará bien mirar al pueblo de Israel y su historia, arquetipo de todos los que buscan a Dios.

El aislamiento no pertenece a nuestra fe. Dios nos atrae teniendo en cuenta una compleja trama de relaciones; y es precisamente allí, en medio de las encrucijadas de la historia, a donde nos envía, porque si la Iglesia tiene un rol particular en tiempos de crisis, es precisamente recordarle al pueblo su alma, su necesidad de respetar el bien común, fortalecer y profundizar los vínculos de pertenencia, tanto de unos con otros como con Dios.

Estamos en el Kairós oportuno para restaurar *la ética de la fraternidad*.

Lo que nos salva no es una idea sino *el encuentro*. Sólo el rostro real del otro, sin caretas ni máscaras, es capaz de despertar lo mejor en nuestro interior. Recibiremos así -como José en su momento- la providencia de Dios, que tiene nombre propio: *la fraternidad*. Sigamos el rastro de ella en la Biblia y dejémonos salar por la historia de José y sus hermanos.

CAPÍTULO I

CAPÍTULO 1

LA CASA DE LA VIDA
Y LA PEREGRINACIÓN DE LAS
GENERACIONES

Estamos invitados a bailar la vida con Dios y para ello tener un alma postrada en adoración ante la Palabra de Dios. Nuestro laborioso tejido vivo de servicios, y nuestro contar la historia desde los pasos dados por los padres hasta nuestro hoy, van tejiendo tiendas donde reunirnos para transmitir la vida. Así, los momentos de prueba de nuestro vivir recobran la luz verdadera, y se llenan de sentido, iluminados por las estrellas del cielo patriarcal tan humano, entonces podremos soñar juntos.

Os invito, pues, a caminar conmigo en el tiempo de los padres, y en sus historias patriarcales, redescubriremos juntos el sentido de lo que estamos viviendo hoy.

Para mí, entrar en la historia de los patriarcas es la aventura apasionante de introducirse en un palacio de cristal por puertas y ventanas de oro, que al abrirse dan acceso a otras miles de portezuelas y ventanales, en una interminable búsqueda de aquel tesoro escondido, por el que merece la pena venderlo todo para adquirirlo, un tesoro cuyo nombre es *Dios.*

Dios arquitecto

Desde el principio de la Biblia, Dios es presentado como un arquitecto que construye una casa, una mansión cósmica edificada sobre las aguas del caos. La bóveda celeste en lo alto, y la tierra firme en lo profundo, abarcan el espacio interno del universo. Este bellísimo espacio interno es el interior de una casa de dimensiones cósmicas.

Pero Dios no construye una casa para Él, crea una casa para entregarla a otros como un inmenso regalo. Esta imagen de la creación habla de seguridad y protección, una casa común, cobijo de todas las criaturas.

Y como el Creador no hace las cosas a medias, después procede a amueblar la casa. Como una alfombra extiende sobre la tierra una vegetación exuberante. En esta casa hay árboles cargados de frutos, están servidas las mesas en que se sentarán sus futuros moradores.

Luego se fijan a la bóveda el sol, la luna y las estrellas que harán las veces de lámparas. Por fin llegan los moradores: todas las bestias de las aguas, la atmósfera y la tierra firme, tan cuidadosamente creadas. El último morador que llega es el hombre, Adán, y Eva, la madre de los vivientes.

En esta mansión se respira la protección de Dios, ha puesto límites a las aguas destructoras, en esta mansión nadie debe hacer daño a nadie, este es su gran deseo desde el principio de su bellísima creación.

Pero tras la caída de Adán y Eva, y hasta el diluvio, la violencia ha conseguido abrirse paso, y la mansión de la vida se ha corrompido por dentro, por eso ya no se pueden contener las aguas que se agregan en el exterior, -tanto las aguas superiores, como las inferiores-, y el diluvio transformó la mansión de la vida en una ruinosa casa de muerte.

La gran noticia en este relato de nuestros orígenes es que: en medio del caos y la muerte, se abre una senda de vida nueva. Dios salva en un Arca a una pareja de cada especie, hace que las aguas decrezcan, y funda en una alianza solemne un nuevo orden cósmico en el que se permite que la violencia entre a formar parte del mundo, pero dentro de unos límites precisos, no desbordados como en el tiempo de Noé.

En nuestros días, y en todos los tiempos, esta senda de vida nueva resurge siempre en medio del caos, en medio de las tormentas de la historia siempre hay un Arca providente en la que entrar todos juntos. ¡No lo olvidemos!

Estatua de Dios

En esta casa se da una diferencia entre los animales y el hombre. Sólo éste es *"estatua de Dios"* (tselem)[5], tal como lo expresa el texto original. En la *"estatua"* se representa a alguien que se debe tener presente en la memoria. Ese alguien no está ahí, pero la estatua despierta su recuerdo, su función es *evocar*. No es una fotografía, sino un símbolo de la presencia.

Esto es importante para comprender la historia patriarcal y nuestra identidad. Los seres humanos hemos sido creador para avivar la memoria y que nadie se olvide del Creador. Es como si Dios –enamorado de su creación- nos hiciera a su imagen y semejanza para que le evoquemos siempre.

No lo olvidemos, cada uno de nosotros somos *"estatua de Dios"* en el cosmos, seres con la misión de despertar la memoria de Dios a todos.

Si en la mansión de la Creación se eleva una *"estatua de Dios"*, es decir, el ser humano, es porque esta casa de Dios es un templo, y la persona lo más grande y santo que Dios ha creado[6].

La humanidad en su totalidad es la *"estatua de Dios"*, creados como reyes de la creación para que pastoreemos al entero mundo animal (cf. Gén 1, 26). Y esta es la última razón de ser de todos nosotros: *reinar pastoreando*. El cuidado de las criaturas es nuestro distintivo.

Pero este reinado tiene unos límites sobre todos los animales. Todo se corrompe en esta casa cuando algunos hombres se convencen de tener que apacentar, y gobernar a otros hombres, sin respetar los límites establecidos por el Creador. Por eso el hombre es expulsado del jardín del Edén, para iniciar un peregrinaje que

---

5 Cf. N. LOHFINK, *A la sombra de tus alas. Nuevo comentario de grandes textos bíblicos*, Desclée De Brouwer, Bilbao 2002, 37 ss. Literalmente tselem es "estatua" mejor que imagen, de acuerdo con el uso de la época.

6 Para el hebreo la "casa" es un vocablo crucial, así el *templo* es la casa de Dios y el *palacio* la casa del rey.

se prolonga de padres a hijos, como eslabones de un único camino de retorno a la casa del Padre.

En la historia patriarcal, donde descansan nuestras raíces, el gran peregrino Abrahán fue conducido a una tierra desconocida.

Vete de tu tierra, el Dios de Abrahán

Hay una palabra que hace salir a Abrahán, Dios le dijo:

"Toda la tierra que ves te la daré a ti y a tus descendientes para siempre" (Gén 13, 15).

Pero tanto él como su hijo Isaac, y el hijo de Isaac, Jacob, vivieron en esta tierra, -la tierra que Dios les había obsequiado-, como unos extraños. Fueron huéspedes, cuya presencia era tan sólo tolerada. Tuvo aún que pasar mucho tiempo para que sus descendientes llegaran a poseerla y habitar en ella siendo dueños.

Siglos en Egipto, el éxodo, cuarenta años en el desierto, el paso del Jordán y tantas vicisitudes, que tuvieron que aprender la instrucción de Dios por el camino. Los patriarcas y las primeras generaciones de Israel no conocían a Dios, recorriendo un camino largo por donde tropezaron con el Dios verdadero y lo fueron descubriendo.

La revelación de Dios fue progresiva y lenta. Dios no se muestra de un día para otro, no violenta la historia, sino que se introduce en ella y se ajusta al paso de la sandalia humana.

Una de las más radicales experiencias por las que hubieron de pasar fue que el suyo era un Dios que convertía a los hombres en forasteros. Esta es la experiencia que vivió intensamente José como pedagogía de Dios.

La experiencia de extranjería nos despoja de las imágenes que nos hemos forjado de Dios, y llegamos a saber cómo es Dios en realidad, que no es una realidad alejada e ininteligible a lo humano, ni un eterno silencio. El Dios vivo que dibuja la Biblia muestra un rasgo que no lo tenían los ídolos, y es que todo hombre que entra en contacto con él se convierte en un forastero en su propio mundo.

Este es el hilo conductor que une toda la historia de los patriarcas. El Dios de Abrahán actúa en lo concreto de la historia y hace de los elegidos unos peregrinos en tierra extraña.

En qué manera tiene lugar esta transformación en forasteros, cuáles son los hechos que la acompañan, y qué significa realmente que Dios nos convierta en forasteros, son las cuestiones que vamos a ir viendo, tras seguir las huellas de los padres de Israel.

Abrahán marcha a tierra extraña

Téraj, el padre de Abrahán, es un hombre inquieto. Su deseo es abandonar Mesopotamia por Canaán. A medio camino, en Jarán, la estirpe se detiene e interrumpe su marcha. Pero lo cierto es que a partir de ahora sabemos que Canaán representa un viejo sueño de la familia.

La mujer de Abrahán, Saray, era estéril. La familia se convierte en una rama seca dentro del árbol de la estirpe. El futuro le ha vuelto la espalda por no tener descendencia, y se convierte en extraño dentro de la familia, de alguna manera extranjero.

En realidad, el relato del Génesis, nos va preparando sigilosamente para lo que va a venir: el abandono de la tierra nativa y el alejamiento de la propia familia.

Al comienzo de la historia todo se concentra en el hecho mismo a que es llamado Abrahán:

"El Señor dijo a Abrán: «Sal de tu tierra, de tu patria, y de la casa de tu padre, hacia la tierra que te mostraré" (Gén 12, 1).

Actúa movido por una llamada externa que le desliga de los vínculos. Tiene que marchar, y la ruptura de los lazos es triple: *tierra, parentela, casa paterna.*

El término que designa "parentela", *modelet*, comprende los parientes consanguíneos, pero es mucho más, es el tejido relacional de la infancia compartida, la común socialización, la lengua, la cultura, los recuerdos, y todas las relaciones humanas dentro de la familia, que son vehículos de un vínculo que no se reduce a un paisaje, unas calles o una ciudad.

Todo esto tiene que dejarlo Abrahán, e incluso la "casa paterna", es decir, el círculo familiar más estrecho. ¿Qué futuro le espera sin familia y con una mujer estéril?

Abrahán no sabe qué dirección ha de tomar. Hay una meta. Dios la conoce, pero no la menciona, se la mostrará por el camino. Sólo le dice:

"De ti haré una nación grande y te bendeciré. Engrandeceré tu nombre; serás una bendición. Bendeciré a quienes te bendigan y maldeciré a quienes te maldigan. Por ti se bendecirán todos los linajes de la tierra" (Gén 12, 2-3).

Todas estas promesas son escuchadas por un hombre que ya no abriga ninguna esperanza, y al que Dios no duda en arrebatar ahora su último sostén. En el momento en que Abrahán consiente en salir, y arrancar de cuajo la rama familiar, dicha rama pasa a transformarse en una completa bendición, llena de vida y poder creador obsequiados por Dios.

La salida es el paso previo a la bendición de una familia nueva de peregrinos.

Incluso cuando llega a la tierra prometida, no deja de caminar como un nómada, sin dejar en ningún momento de ser un extraño, tanto para la tierra como para los hombres que la habitan. Son muchos los rodeos que da hasta engendrar al hijo de la promesa. Y al final de sus días, sigue siendo hasta tal punto un forastero en la tierra prometida, que envía a su siervo Eliezer a Jarán, para que encuentre allí una esposa para Isaac, el hijo de la promesa, en casa de sus antiguos parientes.

Si queremos conocer quién es Dios realmente, es central que tengamos la experiencia, como la tuvo Abrahán, de que nuestro Dios es un ser que nos llama a convertirnos en forasteros, y vivir como tales en un mundo que cada vez nos comprende menos, conforme nos emancipamos más y más de él.

Esta es la obra de Dios en cada hombre, nos va haciendo poco a poco forasteros en este mundo, para ser sostenidos únicamente por la fe, y caminar hacia su promesa, sin apartarnos de su bendición.

Este es el corazón de nuestro existir.

Abrahán no fue llamado a morar como un asceta en el desierto a fin de espiritualizarse. Su llamada fue una llamada a la tierra, al pueblo y a la bendición de la fecundidad. Con todo, tan pronto como Dios roza y comienza a guiar a una persona, o a un grupo de personas, la experiencia de la extranjería surge precisamente en el seno de la realidad concreta de la vida.

Jacob huye a tierra extraña

El segundo de los grandes patriarcas de Israel, Jacob, tuvo también que enfrentarse al Dios que guía a los hombres a tierras extrañas. El trabajo laborioso y delicado de Dios es siempre desinstalarnos, para evitar que nos quedemos en los ídolos que no dan la vida.

La promesa que un día recibiera Abrahán ha empezado a dar fruto en la familia, Dios no miente ni engaña. Las madres estériles conciben, y los hijos forman una nueva familia, de la que un día podrá nacer un pueblo. Siguen siendo huéspedes cuya presencia es sólo tolerada, pero todos juntos habitan en la tierra que les fuera prometida.

Sin embargo, en el seno de este mundo común prometido, -donde Jacob y Rebeca viven como extranjeros en la tierra a la que Dios les ha arrastrado-, surge de pronto una discordia interna entre los gemelos de Rebeca: Esaú y Jacob.

Esaú, el primero en nacer, es burlado por Jacob, que le arrebata la bendición de su padre Isaac, heredando los derechos sobre la promesa. Es un pueblo que acaba de empezar a andar como depositario de la promesa de Dios. Está dando los primeros pasos, y sin embargo asistimos ya a la escisión del pueblo de Dios, que se prolonga pecado tras pecado en las siguientes generaciones (cf. Gén 25-27).

A pesar de todo, Dios no renuncia a sus planes y anda con su elegido el camino abierto por sus faltas. Camina junto a Jacob, porque es el depositario de las promesas, aunque lo haya conseguido con embustes y astucia.

Su hermano Esaú, burlado, lo persigue con intención de matarlo. Jacob, el más débil, se da a la fuga. Con ella da comienzo la nueva experiencia de extranjería por la que Jacob, el perturbador de los planes de Dios, está obligado a pasar.

En su huida, Jacob se refugia entre los hijos de Oriente. Una vez allí, halla acogida en la casa de sus antiguos parientes, toma esposa, se enriquece y termina por formar una gran familia.

Se halla en tierra extraña, lejos de donde ha de dar continuación a las promesas.

El burlador de su hermano Esaú, se convierte ahora en burlado. Es completamente engañado por Labán, su tío, y -despojado de cuanto tenía- queda a merced de sus parientes y desamparado en tierra extraña. Ser forastero en estas circunstancias puede ser mucho más duro que serlo entre aquellos a los que nos une una historia común.

Durante veinte años vaga Jacob como un extraño entre los hijos de Oriente.

Al final se ve obligado incluso a huir en secreto, y comprar a precio de oro su regreso, para poder ser libre. Tal es la experiencia de la extranjería que los elegidos se han reservado a sí mismos con sus idolatrías y engaños.

Pero sus miserias siguen estando penetradas sin cesar de la bendición divina que no desaparece jamás. ¡Esto es impresionante!

Al comienzo de su huida, Dios se aparece a Jacob en Betel. Entonces le garantiza su regreso y la continuación de las promesas. En tierra extraña la bendición sigue derramándose sobre él. Al final, la extraña reconciliación con su hermano da resultado. Y Esaú se va a vivir al vecino país de Seír, a oriente del Jordán, dejando a su hermano la tierra prometida.

En todos estos relatos sale a nuestro encuentro el Dios que nos envía a una tierra extranjera, desconocida, y profundamente bañada entre dos luces: la tierra de los padres y la tierra prometida.

La antigua tierra nativa, que nuestras miserias ambicionaban, nos es entregada en forma de una amarga extranjería, a la que nosotros nos hemos hechos acreedores. Pero una vez que hemos aceptado, y asumido nuestra historia, incluso la tierra extraña se convierte en la bendición prometida, retornando así a la "tierra de las promesas".

Todo este proceso es un combate, sintetizado simbólicamente en aquel combate nocturno en Yaboc (cf. Gén 32), en el que el lector sigue hoy día sin saber quién ha vencido, si Jacob o el ángel con el que ha estado luchando hasta el alba.

Jacob ha terminado por conocer al Dios que puede convertir a los hombres en forasteros, y proseguir en su historia el trabajo precioso de atraer hacia sí a su pueblo, que va continuamente tras los ídolos.

Este mismo destino es compartido por una tercera figura, que se eleva majestuosa en los relatos bíblicos, José, el hijo pequeño de Jacob, vendido por sus hermanos.

José es vendido por sus hermanos

El regreso de Jacob no pone fin a las discordias en el seno de la familia de la que ha de salir el pueblo de Dios. La vieja hostilidad fraternal vuelve a fermentar en las luchas que enfrentan a los hijos de Jacob por el poder, ensañándose con José, el más amado de todos ellos, aquel por el que soportara vivir tantos años en tierra extranjera.

José es vendido a los egipcios por sus hermanos y expulsado del territorio de las promesas (cf. Gén 37). De nuevo una obra del ser forastero en el seno de la salvación de Dios. Pero en este caso es un inocente el que es arrojado fuera del ámbito de las promesas por aquellos que quieren librarse de él.

En este patriarca Dios interviene en todo momento. Y el lector puede observar, si lee hasta el final la historia, que todos los sufrimientos por los que pasa responden a una acción salvadora, a través de la cual Dios quiere hacer el bien.

José ha aprendido a no ocupar el puesto de Dios en los acontecimientos (cf. Gén 50, 19) y a vivir en este mundo como en tierra extranjera. La Biblia no duda en subrayar que José se convirtió realmente en extranjero. Fue arrancado de todos los vínculos y lazos familiares. A partir de aquí no le ha quedado otro remedio que transformarse y adaptarse a un nuevo mundo.

Internamente dicha transformación ha tenido que ser muy profunda, máxime desde el momento en que ha fundado una familia egipcia, y de hecho los cambios que en él se han producido han sido tan hondos, que pasados muchos años -al llegar a Egipto los hermanos- no le han reconocido.

José, sin embargo, sí los ha reconocido. En su fuero interno seguía alentando el viejo mundo de su juventud y su familia. El molde egipcio impuesto sobre él ha tenido que ocultar todo esto en pliegues muy profundos. Ha sido complicada la manera en que José se ha convertido en un extraño en estos relatos.

Ahora podemos apreciar la importancia de que José no haya abandonado a su Dios, que en la narración se trasluce de forma fulminante en su negativa de seguir la seducción de la mujer de Putifar (cf. Gén 39, 7-10). Repentinamente advertimos que continúa siendo fiel a su Dios. Y éste sigue también a su lado.

La historia, que va desde el más profundo calabozo egipcio, hasta el cargo más elevado del gobierno, no puede ser leída más que como la de una cadena ininterrumpida de intervenciones de Dios. José lo resume todo al final, en presencia de sus hermanos, en una sola frase, diciendo que Dios quería con ello salvar a un pueblo numeroso.

Aunque este Dios había permitido que un crimen ajeno hiciera de él un extraño, absolutamente desamparado, y humillado en un mundo extranjero; pero ha sido precisamente padeciendo los sufrimientos de un inocente como ha podido salvar a muchos hombres del hambre. Aquí, en José, se torna visible por primera vez que la promesa hecha a Abrahán incluye la bendición de todos los pueblos de la tierra.

Es mucho lo que se esconde en estos relatos bíblicos de los patriarcas. Si buscamos en ellos al Dios de salvación que quiere el bien de sus criaturas, nunca seremos decepcionados. Pero, en contrapartida, siempre nos veremos conducidos lejos de esas imágenes de Dios que deseamos forjarnos por el molde de nuestros frívolos y egoístas ideales.

El encuentro con Dios echa por tierra el mundo que nos hemos construido para nuestro bienestar, nos transforma por completo y nos señala un destino completamente nuevo: ser "buscadores de nuestros hermanos".

Este destino, siguiendo el hilo de oro que atraviesa toda la historia patriarcal, y que es preparación para la historia que hoy vivimos nosotros, es tú destino y el mío, el sueño de Dios para toda la humanidad, si libremente quiere aceptar llevarlo a la realidad.

CAPÍTULO II

"VOY BUSCANDO A MIS HERMANOS" (Gén 37, 16)

Quisiera que desde el inicio de estas páginas se oyera, como hilo conductor de estas reflexiones, la voz de José que indica la senda que recorrió toda su vida:

"Voy buscando a mis hermanos" (Gén 37, 16).

A la luz del Nuevo Testamento, vamos a leer esta narración del Antiguo Testamento, y descubriremos en él un libro abierto a recibir la luz del Mesías que llega, y entra en toda su plenitud con Cristo y su Evangelio.

Podemos decir que: en Cristo Jesús se cumple plenamente esta identidad de José, *"el buscador de sus hermanos"*. Jesús nos buscó -y nos sigue buscando- recorriendo un difícil camino, el de la kénosis o vaciamiento de sí mismo, para sellar una Nueva Alianza con la humanidad perdida.

La Alianza de Dios, realizada en el Antiguo Testamento, no pertenece al pasado, sino que es totalmente del presente. Estoy convencida de que Israel no ha conservado sus tradiciones antiguas para poderlas contemplar en las vitrinas de un museo. El interés por las historias del pasado está ligado a las preocupaciones del presente. Recibiendo los relatos del pasado, a la luz de Cristo Resucitado, recobra fuerza y sentido el "hoy" que estamos viviendo, se actualiza en el presente la Alianza de Dios que es eterna[7].

---

7 Cf. J-L Ska, *Introducción a la lectura del Pentateuco*, EB 22, Editorial Verbo Divino, Estella (Navarra) 2001, 203-205. El autor insiste en que no queremos caer en nostalgias del pasado remoto, sin incidencia en el presente. Queremos mirar los textos antiguos para arrojar luz a nuestro presente y revitalizarlo.

Por eso vamos a hacer camino con el relato de José como bastón de peregrino. Nos dejaremos llevar por la estrella de la narración bíblica y acogeremos la luz para nuestra senda de hoy.

Todos somos peregrinos en este mundo. Venimos de Dios y a Dios volvemos.

Ser peregrino significa emprender un largo caminar, lo sabemos todos por experiencia, y aprender siempre de la senda recorrida, sin dejar de mirar la meta y sin olvidarse de avanzar junto a toda la caravana.

El patriarca José es un peregrino experimentado. Lo fueron antes Abraham, Jacob, y otros muchos personajes de la Biblia, como lo estamos viendo, pero -para los días que corren hoy- me resulta de especial interés José, el hijo de Jacob y Raquel, la oveja de Dios.

La historia de José es *el relato de la búsqueda de sus hermanos*, que se prolongó a lo largo de toda su vida, como un peregrinar tras el rostro de la fraternidad, para satisfacer el deseo de su padre de tener noticias de sus hermanos. Pero un camino de fraternidad sólo puede ser recorrido por espíritus libres y dispuestos a encuentros reales (FT 50), por eso necesitamos un proceso de liberación de ataduras.

Si recordamos la escena del libro del Génesis, escucharemos el eco de aquellas palabras de un padre, llamado Jacob, pidiendo a su hijo José:

"Tus hermanos deben estar con los rebaños en Siquém; ven, que te voy a mandar donde están ellos. Le contestó [José]: Aquí estoy" (Gén 37, 13).

Disponibilidad de José

Es muy profunda, a la vez que sencilla, la respuesta de José: *"Aquí estoy"*. Yo creo que ni él se daba cuenta del alcance de esta respuesta. Con estas dos palabras se inicia el peregrinaje de José que va a marcar toda su vida, un caminar para realizar el deseo de su padre:

"Ve a ver cómo están tus hermanos y el ganado, y tráeme noticias". (Gén 37, 14).

No es una búsqueda egocéntrica, para satisfacer intereses propios o desplegar un proyecto que vaya construyendo el propio ego. José salió a la búsqueda de sus hermanos con una sola meta: traer noticias de ellos a su padre.

El corazón de un padre siempre está deseoso de tener noticias de sus hijos, sobre todo de los que están lejos de la casa en la dura trashumancia. Esta historia nos revela un poco el ser paterno de Dios, la belleza de su paternidad y de sus sentimientos. Y nos muestra esta belleza a través de un lenguaje sencillo y diáfano, que deja abierto ante el lector el misterio de la paternidad y la fraternidad, ambos intrínsecamente unidos, como iremos viendo.

Esta preciosa respuesta de José: *"Aquí estoy"*, recorre los caminos de la Biblia a modo de eje conductor. Se oyó en boca del pequeño Samuel, cuando Dios le llamó en la noche (cf. 1Sam 3,4), en el anciano Abraham cuando Dios le pide que suba al monte Moria con su hijo Isaac (cf. Gén 22, 1), en el asombrado Moisés que se acercó a ver la zarza que ardía sin consumirse y Dios le llamó por su nombre (cf. Éx 3,4), en el profeta Isaías que el Señor envió a una misión difícil (cf. Is 6, 8), y en tantos otros llamados a hacer un camino, y a vivir como peregrinos la propia existencia, teniendo todos como motor de la vida realizar el deseo de Dios.

En cada generación, y en cada uno de nosotros, Dios vuelve a depositar en nuestro corazón este inmenso anhelo que le habita: ¡Ven y vete a ver cómo están tus hermanos! ¡Ve y tráeme noticias! ¡Estoy deseando saber cómo están tus hermanos!

Esta invitación hoy sigue en pie, esperando nuestra respuesta, para que de nuevo se despliegue en esta generación la misión de buscar a los hermanos, y así nos unamos al peregrinaje de José, el hijo de Jacob. De esta respuesta depende el que sigamos manteniendo ardiente la llama de la esperanza en la providencia de Dios, que siempre acontece en la historia.

Es como si hoy se volviera a oír aquella pregunta de Dios, que, en las primeras páginas del libro del Génesis, resonó dirigida a otro hermano, llamado Caín:

"¿Dónde está tu hermano?" (Gén 4, 9).

Podemos unir así el principio y el final del primer libro de la Biblia, dibujando un círculo bellísimo, dentro del cual el autor desarrolla un tema clave: *la fraternidad*, y con ello nos introduce en el corazón de sus relatos: los vínculos humanos en sus dificultades y en su belleza. Y esto va a ocupar todo el libro del Génesis.

Dos lugares claves: Siquém y Dotán

José con prontitud sale tras el rastro de sus hermanos, hacia el lugar donde apacentaban el rebaño, Siquém[8]. Esta disponibilidad llamó la atención a los Padres de la Iglesia, que vieron en José un anticipo de la figura y misión de Jesús, los dos fueron "buscadores de sus hermanos", en medio de obstáculos y dificultades.

En este sentido, las resonancias bíblicas de Cesáreo de Arlés en su lectio divina suenan así:

"Jacob envió a su hijo para ver cómo estaban y que le trajera noticias de sus hermanos; y Dios Padre envió a su Unigénito para visitar como a ovejas perdidas al género humano enfermo del pecado. José, mientras buscaba a sus hermanos, andaba vagabundo por el desierto; y Cristo buscaba al género humano errante por el mundo, y era

---

8 Posteriormente, esta ciudad pasó a llamarse Sicar, una ciudad de Samaría próxima al pozo de Jacob, con muchas resonancias bíblicas. Mucho tiempo después, Jesús, cansado del camino, se sentaría junto a este pozo (Jn 4).

como si Él anduviera errante por el mundo, pues buscaba a los que andaban perdidos. José buscaba a sus hermanos en Siquém. Siquém significa "espalda", y es que los pecadores siempre dan la espalda ante el rostro del justo, pues la espalda está detrás. Y esa es la manera como los hermanos de José, heridos por la envidia, presentaban la espalda más que el rostro al amor del hermano" (Cesáreo de Arlés)[9].

Dice la narración de esta historia que:

"Un hombre lo encontró [a José] errando por el campo y le preguntó: ¿Qué buscas? Él contestó: Busco a mis hermanos; por favor, dime dónde están pastoreando" (Gén 37, 15-16).

No está lejos esta historia de nuestro hoy, todos andábamos errantes, y todos hemos sido buscados y recuperados, para pasar a ser buscadores de otros hermanos, ya que el Padre, tiene sed de noticias de la humanidad salida de sus manos creadoras.

Pero toda búsqueda tiene un avanzar atento a todo lo que atravesamos, y un momento de encuentro de aquello que perseguíamos. En la andadura de José así ocurrió, y así lo plasmó en su comentario al relato San Ambrosio:

"José encontró a sus hermanos en Dotán, que significa "deserción" ¿No es acaso un desertor el que se aparta de Dios? Nada extraño es que desertaran los que no oían al que les decía: "Venid a mí todos los fatigados y agobiados, y yo os aliviaré" Llegó José a Dotán. Lo vieron llegar desde lejos, antes de que se acercara a ellos. Y se enfurecieron hasta el punto de querer matarlo. Ciertamente estaban lejos los que estaban en la deserción y por eso se enfurecían" (San Ambrosio de Milán)[10].

---

9 Cf. Cesáreo de Arlés, Sermón 89, 1, CCL 103, 366.

10 Cf. San Ambrosio de Milán, Sobre José 3, 11, CSEL 32/2, 79.

Dotán, que significa "abandono", ilustra este momento de la historia de José y toda andadura de búsqueda de sus hermanos. Cuando pastoreamos en Siquém, dando la espalda a Dios, y retomamos el camino de Dotán, la deserción o el abandono del plan de Dios, desaparece de nuestro horizonte *el vínculo de la hermandad*, que da belleza y sentido a la existencia.

Estando en Dotán, los hermanos vieron de lejos a José, y antes de que se acercara, conspiraron contra él para matarlo (cf. Gén 37, 18). Para José, ir a Dotán era salir de sí mismo, para hacer la voluntad de su padre. Supo leer dentro de la historia (intus-legere), y este minúsculo deber de aquel día: *"ir a sus hermanos"*, se convirtió en el comienzo de innumerables y precisas luces del deseo de su padre que ya nunca olvidó.

Vivir dentro del corazón del padre

Haciendo de su vida una búsqueda continua de sus hermanos, no se resignó a vivir cubierto de tinieblas, sino que aprendió a vivir dentro del corazón de su padre, de su deseo, aunque era un misterio incomprensible para él. Nada se le hizo mediocre, pues esta búsqueda era deseada por él, nada era tedioso porque había una trascendencia detrás de cada acontecimiento y un sentido tras cada paso.

José no se quedó en sus pobres maquinaciones, salió siempre de sí mismo para resurgir hora tras hora en el plan de su padre. No maquinó calculando el futuro, no dio vueltas al pasado, porque todo esto es agotador y conduce a vivir en densas tinieblas. Salió de sí para vivir en el misterio del plan de padre, e irlo descubriendo entre los obstáculos y las dificultades. Cada adversidad fue un trampolín para esta salida de sí mismo, una puerta que hay que abrir para seguir siendo un "buscador incansable de sus hermanos".

Su respuesta le definió con claridad: *"Soy uno que busca a sus hermanos"*.

Esta es la peregrinación de José, en la que aparecieron dificultades, pruebas y decepciones, pero todo el itinerario fue necesario para que al final encontrara y reconociera a sus hermanos en un verdadero abrazo.

José dejó transformar su vida por esta peregrinación, y aquí está el secreto de tantos pasos dados, llegar a ser un hermano para los de su propia casa.

La peregrinación de José propició el reencuentro con los hermanos perdidos. Pero reencontrarse no significa volver al momento anterior de los conflictos, porque al caminar vamos cambiando todos. El dolor bien asimilado transforma, y nos hace capaces de asumir el pasado, para liberar el futuro de insatisfacciones, capaces de abrirse paso a paso a una *esperanza común*, más fuerte que la venganza (cf. FT 226).

Es un trabajo artesanal y constante este abrirse a la providencia de la fraternidad reconstruida, pero vale la pena arriesgar por ella, aunque nadie nos aplauda.

Veremos entonces la perla preciosa que José descubrió después de muchos avatares.

CAPÍTULO III

CAPITULO II

PEREGRINOS DE LA FRATERNIDAD, NO TURISTAS CURIOSOS

Nuestro peregrinar por esta vida es mirar no tanto lo que podría haber sido, -y no fue-, sino todo aquello que nos está esperando más adelante y que no podemos dilatar más. El vivir la existencia como un peregrinaje es avanzar luchando, para que los rezagados de ayer, sean los protagonistas del mañana, y los protagonistas de hoy, no se vuelvan los rezagados del mañana.

Ser peregrinos significa asumir riesgos y pruebas, como cuando Israel salió de Egipto y atravesó el desierto. Ser turista es pasar el tiempo como uno quiere, pero ser peregrino implica atención, prontitud, y disponibilidad para acoger las nuevas e inesperadas sendas que nos indiquen las diferentes etapas del camino, sin quejas y sin permanecer en nuestras posiciones, sino abiertos a avanzar, fijos los ojos en la meta.

Sí, la vida es para caminar, para hacer algo, para ir adelante. No se puede vivir la propia vida estando detenidos y pasivos. Cuando nos movemos, de hecho, no cambiamos solo de lugar, sino que nos transformamos gracias a la senda recorrida.

Y esto fue lo que le ocurrió a José, el hijo de Jacob, en su propia existencia. Fue de prueba en prueba, pero nunca estuvo abandonado a las fuerzas del mal. El océano de las adversidades siempre se abrió ante él y pudo avanzar.

Sus hermanos, sin embargo, se detuvieron en el rechazo y el deseo de eliminar al soñador, dejaron de ser peregrinos que avanzan hacia algo mejor y se instalaron en el mal que los fue devorando.

Para captar la fuerza vital de todo peregrinar es bueno mirar la etimología de la palabra "peregrinación". Es decididamente significativa para orientarnos, porque deriva del latín *per ager*, que significa "a través de los campos", es por tanto un hacer camino a través de terrenos sin casas, con el aspecto dinámico de emprender una andadura sin protección y en continuo cambio.

Expresa la identidad genuina de la vida, porque toda peregrinación es *una experiencia de cambio* de la propia existencia, para orientarla cada vez más hacia la meta a alcanzar.

Abraham, en la Biblia, es descrito como una persona en camino, tras la invitación de Dios: *"Sal de tu tierra, de tu patria, y de la casa de tu padre"* (Gén 12,1).

Con estas palabras comienza su aventura, que termina en la tierra prometida, donde es recordado como un "arameo errante" (cf. Dt 26,5). Pero durante el camino permanece en diálogo con Dios, ocho de los cuales se conservan en el libro del Génesis. Aprendió a ser peregrino ajustando sus pasos al ritmo de Dios y las pruebas de la vida.

La presencia de Dios en la Biblia nunca es estática, en el sentido de que instale al hombre en su mundo y en sus inestables seguridades. Su presencia es pascua, paso, irrupción, que pone al hombre en éxodo.

También el ministerio de Jesús se identifica con un viaje desde Galilea hacia Jerusalén, tal como dice San Lucas:

"Cuando se completaron los días en que iba a ser llevado al cielo, Jesús tomó la decisión de ir a Jerusalén" (Lc 9,51).

Él mismo llama a los discípulos a recorrer este camino a Jerusalén.

Pero no es un camino cómodo, siempre aparecen reveses y dificultades. Todo peregrino pasa por tentaciones ante las adversidades del camino, y cada peregrino vive su propia senda, no podemos generalizar, pero hay tres tentaciones que suelen ser frecuentes:

- la de *acusar a Dios* de lo que nos pasa,
- la de crearnos un pequeño ambiente favorable, un *grupo propio* que me apoye y
- la del *desaliento*, pensando que no se puede avanzar más.

No hay precocinados ni recetas mágicas para vencerlas, pero hay pasos que ayudan.

Ante estas tentaciones, lo primero es *no ocultar* lo que sentimos y expresarlo a Dios en oración. Después *creer* que Dios está con nosotros y cultivar esta certeza. Nuestra incapacidad de hacer frente a muchas situaciones, es precisamente el lugar de acción de Dios, que multiplica la gracia cuando todo parece acabado. Y finalmente, quien pretenda ser verdaderamente un peregrino, debe *entrar en el plan de Dios,* dejarse vencer por Dios y sus llamadas.

En el decurso de la peregrinación, a través de las tentaciones, nos vamos convirtiendo poco a poco a la *justicia de Dios*, vamos comprendiendo qué significa buscar la justicia de Dios que siempre es salvadora y sanadora, nunca vengativa.

Lo iremos descubriendo poco a poco, como lo hizo José, a través de un largo peregrinaje. Pero es indispensable llevar en el corazón la certeza de que Dios nos conduce según un proyecto que ha soñado realizar con nosotros, un plan que es como un regalo que hemos de ir desenvolviendo poco a poco a lo largo de la vida.

EL MISTERIO DE LAS PRUEBAS

Este pasar por las pruebas del camino, -de lo que José supo mucho-, es para mí un misterio a desentrañar, hasta llegar al seno del dolor, donde comienza siempre a gestarse algo nuevo.

Las pruebas me evocan a Jesús de Nazaret y al libro de Job.

Estoy convencida que es importante escuchar a ambos para aprender a vivir las pruebas. Os invito a abrir las ventanas de la

Escritura donde aparecen los dos, Jesús y Job, cada uno en su lugar irradia una luz que nos ayudará a comprender mejor la historia de José, el soñador.

Jesús de Nazaret

Hay unas palabras de Jesús, bellísimas a mis ojos, que siempre que aparece la prueba resuenan en mí con fuerza:

"Vosotros sois los que habéis perseverado conmigo en mis pruebas" (Lc 22, 28).

Las dice en la Última Cena, después de una discusión entre los discípulos sobre quién era el más importante entre ellos (Lc 22,24). Él había deseado ardientemente comer aquella comida pascual con sus discípulos, los había atraído a todos hacia su mesa de vida, pero se encuentra con la rivalidad existente entre ellos. Entonces, Jesús les invita a otra forma de estar: quien quiera ser grande, que sea el servidor de todos, e inmediatamente después habla del perseverar en *"mis pruebas"*.

Es un tema candente en la mesa pascual de Jesús antes de su Pasión.

La palabra griega usada en el texto evangélico es *peirasmós* que significa prueba, exploración, tentativa. Se trata en la prueba de conocerse, de explorar, y tratar de ver cómo es la fidelidad de cada uno en el camino iniciado, si nos dirigimos hacia la meta o nos hemos desviado. Se traduce a veces por *tentación o prueba*, pero siempre se habla de ellas como parte de un camino, no tienen razón de ser fuera de una andadura. Y no es algo extraño u ocasional, es una situación habitual del hombre en la tierra, especialmente de aquel que quiere ser fiel a Dios.

Pero si atendemos a las palabras de oro de Jesús, Él habla de *"mis pruebas"*, no de unas pruebas indeterminadas. ¿Cuáles son estas "pruebas de Jesús" en las que perseverar para ser discípulos?

Puesto que San Marcos comienza el relato de la vida pública de Jesús con su ir al desierto, empujado por el Espíritu (Mc 1, 12-13), toda la existencia de Jesús en este Evangelio está bajo *el signo de la prueba*. Ciertamente fue probado en todo, menos en el pecado (cf. Heb 4, 15).

Pero la expresión *"mis pruebas"*, en el momento de la Última Cena, cuando sabe que vuelve al Padre, y se sabe peregrino en esta tierra, porque su Reino no es de este mundo, se refiere a las pruebas de este camino hacia el Reino, hacia el Padre[11]. Jesús se refiere, pues, a las dificultades o reveses que nos ayudan a explorar en nuestro caminar, si es hacia el Reino de Dios, o nos dirigimos hacia los reinos de este mundo. Cada prueba se presenta como una ayuda en el camino, un valioso instrumento de discernimiento para quienes no quieren vivir a la ligera.

Jesús además no habla de las pruebas como olas que se nos vienen encima. Él las carga de un *tono afectivo y personal* cuando dice: "mis pruebas conmigo". Las pruebas del camino son lugares de encuentro con Él, para vivirlas en su cercanía y compartirlas; es más, yo diría que es lo que nos aproxima más y más a Él.

De hecho, en diferentes sitios del Nuevo Testamento, se habla "afectivamente" de las pruebas. El apóstol Santiago habló así de las pruebas:

"Considerad, hermanos míos, un gran gozo cuando os veáis rodeados de toda clase de pruebas" (Sant 1, 2).

Y más adelante dice:

"Bienaventurado el hombre que soporta la prueba" (Sant 1, 12).

De lo que se desprende que la alegría del cristiano brota de su vivir la prueba, no de eliminarla, sino de su vivencia, y esto es lo

---

11 Cf. C.M. MARTINI, *La fuerza de la debilidad. Reflexiones sobre Job*, Colección "El Pozo de Siquém" 330, Editorial Sal Terrae, Cantabria 2014, 15.

que hace singular nuestra alegría, la que nadie nos puede quitar. Todo esto no porque seamos muy fuertes o astutos para lidiar toda dificultad, sino porque Jesús ha querido unirse a nosotros -si le abrimos la puerta- en cada prueba con el yugo de su amor, por eso su yugo es suave y ligero, caminamos juntos bajo el mismo yugo, no hemos de tirar solos de todo el trabajo en la prueba.

Miremos los campos, bajo el mismo yugo siempre van dos.

Job y su perseverancia

Por otro lado, el libro de Job expresa esta misma realidad de las pruebas con un lenguaje bello, e incluso a veces poético. El autor muestra la vida del hombre como un duro trabajo (cf. Job 7, 1) o prueba en la tierra[12].

En el fondo, el autor de esta preciosa leyenda transmite un mensaje: el hombre hace frente a la situación de prueba con la perseverancia, la constancia, la resistencia y la guarda de la Palabra de Dios como memorial, actualizándola en el presente, tal como recuerda Job en medio del crisol:

"¡Si pudiera revivir el pasado, cuando Dios velaba sobre mí, cuando su lámpara brillaba por encima de mi cabeza, y a su luz yo cruzaba las tinieblas! ¡Aquellos días de mi otoño, cuando Dios era un íntimo en mi tienda!" (Job 29, 2-4).

Este *perseverar* (*diameno*) no es un forzado aguantar, sino que es permanecer firme y sólidamente en *un vínculo personal* con Dios en la prueba, y -a través de ella- conocer el rostro auténtico de Dios, que se hace peregrino y camina en la prueba con los hombres. Un Dios que no aliena al hombre de la realidad, pero no le abandona en el dolor, sino que se muestra como su compañero y confidente.

---

12 La LXX traduce duro trabajo o servidumbre (tsabâ), por tentación (peirasmós).

Veremos cómo esto también se cumple en la historia de José, el hijo de Jacob, y como es diáfano el tejido que se va formando con los hilos de diferentes sitios de la Escritura, hasta desentrañar los múltiples sentidos y matices de una misma palabra.

En el relato de Job, hay dos momentos en el desarrollo de la prueba. Job es probado en un primer momento en *sus bienes*, tanto materiales como familiares y afectivos, después -en un segundo tiempo- en *su integridad física* con llagas malignas.

Pero lo importante no es el tamaño del drama, lo crucial es descubrir qué hay en el centro de esta historia. Al centro de la narración no está la *apuesta de Satán,* que desconfía de la integridad del hombre[13], sino que al centro late la *apuesta de Dios,* que se fía de Job y por eso permite la prueba.

Al fondo del misterio de las pruebas, en todo camino del hombre, está *el misterio de Dios*, un ser que deposita su confianza en el hombre, aun conociéndole bien en todos sus límites, pero que tiene la certeza de que -tras un peregrinar- el hombre dejará actuar a la fuerza de Dios en su propia debilidad. Esta es la verdadera fuerza de la debilidad humana, dejar espacio a Dios y su hacer maravillas.

• Sumisión

La sumisión a las pruebas es la actitud hacia la que hemos de caminar. Esta *misteriosa sumisión* es el culmen de la existencia humana ante Dios.

En Job aparece esta sumisión, en el primer momento de prueba, como actitud en la que inspirarse, como un referente para todo el camino. Por eso dice al perder bienes y familia:

"Desnudo salí del seno materno, y desnudo volveré a él. El Señor me lo dio, el Señor me lo quitó. Bendito sea el nombre del Señor" (Job 1, 21)

---

13 Cf. "[Job] Era un hombre íntegro y recto, temeroso de Dios y apartado del mal" (Job 1,1); "[Satán dice a Dios] Pero trata de poner la mano en sus posesiones, te apuesto que te maldice en la cara" (Job 1, 11).

Pero *la total sumisión* será al final de la vida de Job, al final de la peregrinación, como resultado de todo su sufrimiento, cuando responde a Dios en un precioso diálogo:

"Me doy cuenta que todo lo puedes, que eres capaz de cualquier proyecto...Sólo de oídas te conocía, pero ahora te han visto mis ojos" (Job 42, 1.5)

Para llegar a esta entrañable conversación con Dios han sido necesarias las pruebas y toda la peregrinación por las asperezas del camino.

José, el hijo de Jacob, también conocerá al Señor mucho mejor cuando pase por las pruebas que le depara la historia.

Así mismo, tras la *sumisión* primera, es frecuente comenzar a buscar alguna lógica a lo que vivimos, intentar encontrar el sentido que tiene todo lo que está dificultando el camino, es lo que algunos autores llaman "los razonamientos".

• *Razonamientos*

Hay un peligro frecuente en las pruebas, tras la *sumisión* primera: *los razonamientos.* Estos son otro tipo de prueba, en ocasiones muy dura.

La *sumisión* primera -que es inmediata- hay que encarnarla en lo cotidiano, y es entonces cuando aparece la batalla mental de los *razonamientos,* que en el libro de Job se expresa en los diálogos de él con sus amigos. La *sumisión* entonces pasa por la criba de la cotidianidad, y la cascada de *razonamientos* tratan de hacerle perder el sentido de todo, incluso el sabor de la vida.

Es entonces cuando aparece el nudo de oro del relato, el Señor habla a Job desde la tormenta, y le revela el sentido de la prueba, que Job expresa así:

"Ahora te han visto mis ojos" (Job 42, 5).

Esta nueva mirada desenmascara la falsedad de los *razonamientos* y lógicas humanas, que aparecen en la prueba tras las palabras de los tres amigos de Job. Dios muestra esa falsedad nombrando a los tres amigos como "aquellos que no han hablado bien de Dios" (cf. Job 42, 7).

Ninguno de ellos mostró al verdadero Dios, Señor de la historia de Job; los amigos de Job mostraron a un castigador de males, sólo el sufriente Job habló bien del Señor en la prueba, aunque luchó y pasó por un duro crisol. Cada lamento de Job fue una pura oración reclamando la presencia de Dios, oculta tras tanto dolor, una presencia salvadora de tantos *razonamientos*, que no mostraban la verdad de la vida.

Estoy convencida que cada prueba hace crecer nuestra oración en sobriedad y abandono a las manos del Padre. En este sentido son cruciales las palabras de San Juan Clímaco:

"Que el tejido de tu oración sea de un solo color. El publicano y el hijo pródigo se reconciliaron con Dios por medio de una sola palabra. Cuando ores, no busques palabras complicadas, mira que el simple tartamudeo de los niños a menudo ha tocado su Padre que está en los cielos. No busques hablar mucho cuando ores, tu espíritu puede distraerse buscando palabras. Una sola palabra del publicano apaciguó a Dios y un solo grito de fe salvó al buen ladrón. Ser locuaz en la oración dispersa al espíritu y lo llena de imágenes, por lo que repetir una misma palabra ordinariamente lo dispone al recogimiento. Si una palabra de tu oración te llena de dulzura o de arrepentimiento, permanece en ella, pues eso significa que nuestro ángel de la guarda está allí, orando con nosotros. Pide en la tribulación, busca por la obediencia y toca por la paciencia. Pues quién pide así recibe; quién busca encuentra, y a quién toca a la puerta le abren. Quien mantiene sin descanso el bastón de la oración no tropezará. E incluso si cae, su caída no so será definitiva" (La Santa Escala, San Juan Clímaco)[14]

---

14 Cf. San Juan Clímaco, *La Santa Escala*, 2 vols, Editorial Lumen, Buenos Aires 1988-1989, escalón vigesimoctavo, párrafo 5s, 301.

Job grita totalmente desnudo ante Dios, despojado de todo, pero sin dejar de hacer llegar su oración desgarrada a Dios. El despojo de todo le ha dado la libertad interior para atravesar la prueba, y llegar a la presencia de Dios, pero ahora con otra mirada, con unos ojos que conocen a un Dios que sostiene en la debilidad, y que habla desde la tormenta, no rompe nunca su comunicación con el hombre.

Job nos enseña que la prueba no está vinculada a la culpa, ya que él era un hombre íntegro, sino que está vinculada a la verdad de las relaciones libres entre Dios y el hombre, a la gratuidad absoluta de estas relaciones, que sale a la luz en el momento que cesan las gratificaciones. Y las relaciones de Job con Dios salieron fortalecidas tras el crisol.

Job y sus amigos expresan en sus diálogos una algarabía de ideas que no conducen a la obediencia de la fe, a aceptar la situación real, sino que conduce a ansiar una situación diferente y a autojustificarse.

Esta algarabía de pensamientos tiene que ser ordenada para avanzar en la prueba y en la paz interior. Hay pensamientos que debilitan al hombre y hay que desenmascararlos. Job poco a poco, entre lamentos y quejas, los va desenmascarando, porque hay en él una decisión interior de confrontarse con Dios, esto es lo que le salva de alienarse en las pruebas. Se entrega por completo a vivir el momento de prueba, y esto le posibilita posteriormente ordenar el hilo de la mente, hasta ver a Dios donde antes no lo veía.

Job lucha con Dios, expresa su dolor por no ser escuchado en el momento que él quiere, pero aún más lucha consigo mismo y con sus pensamientos. Aunque sufre, no se derrumba fácilmente. Antes desafía a Dios, y en el combate que supone la existencia, acoge el momento difícil, de modo que posibilita caminar de fe en fe, confrontándose en la lucha con el misterio de Dios y del sufrimiento.

Después de tanto hablar y disparatar, Job llega a una madurez que antes no tenía, la que le conduce a decir:

"Me siento pequeño, ¿qué replicaré? Me taparé la boca con la mano. He hablado una vez, no insistiré dos veces, y no añadiré nada" (Job 40, 1-2).

Así va entrando en el misterio de la historia que le es incontrolable.

El climax de todo el libro de Job es el consabido:

"Te conocía sólo de oídas, ahora te han visto mis ojos" (Job 42, 5).

Me evoca este final de la historia de Job el relato de los discípulos de Emaús, también al final de todo el camino en discusión y sufrimiento, reconocen al Resucitado al partir el pan. Experimentan una apertura de los ojos, la cual llena de sentido toda la andadura y todo lo ocurrido.

Job, cuando se siente pequeño, entonces se somete al misterio, sin decir ya palabras, sin más discursos; ya de Dios no se habla, sino que es más importante escucharle y adorarlo, ya que de Él procede la unidad de toda la existencia. La prueba le ha posibilitado vivir la espiritualidad de la alianza, que conlleva estos elementos:

* *Confianza* en quien es mi aliado
* *Abandono* en sus manos, sin necesidad de saberlo todo sobre Él ni sobre mí
* *Conocimiento* más profundo del aliado

Dado que Dios es misterio de relación sorprendente, y en continuo movimiento, se comunica en el dinamismo de una búsqueda tejida de sombras y luces, ocultamiento y manifestaciones. Por consiguiente, no se comunica en la claridad lógica y cartesiana que el hombre querría.

De esta manera Job aprende a entrar en el plan de Dios crucificando su mente y sus razonamientos. Aprende los modos de

Dios y sus ritmos, tan distintos a los de los hombres. Y esto es una constante en cada generación.

JOSÉ Y LA CUMBRE DE LA RESTAURACIÓN

Siguiendo el hilo de la peregrinación de José, podemos decir que su historia constituye, en el libro del Génesis, la cumbre de la primera restauración del plan de Dios.

Si nos acercamos a la narración, después de la descripción del plan de Dios en los primeros capítulos del libro del Génesis (cf. Gén 1- 2), que es un plan lleno de belleza creadora, asistimos a la destrucción gradual en tres tiempos de este plan: primero la caída de *Adán y Eva* que separa de Dios (cf. Gén 3), después con *Caín y Abel* se narra la separación entre hermanos (cf. Gén 4), y con la *Torre de Babel* se nos relata la separación entre el hombre y la tierra en una gran confusión de soberbia y lenguajes incomprensibles (cf. Gén 11).

A partir de Abrahán se reanuda la relación con Dios (cf. Gén 12), y una nueva peregrinación se inicia tras de una promesa dada por el Señor. Pero José es la figura más completa de todos los patriarcas, porque se reconcilia con sus hermanos tras una larga andadura. Con su sabiduría política y económica da de comer a todos, manteniendo una correcta relación con la tierra. Puede contemplarse como "tipo" de Jesús, que vino a la tierra para buscar a sus hermanos, ambos son vendidos por los suyos y los dos se convierten en piedra angular para sus hermanos.

Frente a José, peregrino auténtico, estaría Caín, el fugitivo vagabundo, que curiosamente llegó a ser constructor de una ciudad, que llamó Enoc, por el nombre de su hijo (cf. Gén 4, 17). Es la primera mención de una ciudad en la Biblia. Si nos detenemos, vemos que la ciudad es el lugar donde se puede vivir con los demás, sin esforzarse por considerarlos hermanos, donde hay unas reglas de urbanidad, pero sin necesidad de amar a los vecinos.

La ciudad de Caín es el paradigma del lugar ausente de fraternidad y de vínculos profundos.

Ser peregrino tampoco es ser forastero, una persona sin referencias ni vínculos reales, que no conoce las reglas y costumbres de la región por donde camina (cf. Gén 12, 10). Un peregrino sabe a dónde va, ve a distancia y ama el lugar hacia el que se encamina. Es un caminante lleno de esperanza anclada en el anhelo de conseguir la meta.

José, dejándose forjar por las pruebas y los sufrimientos, se convierte en un auténtico peregrino. No entiende nada de lo que ocurre, pero comprende poco a poco que no se encuentra abandonado, que tiene un futuro guiado por el plan de Dios, que orienta todo hacia un único sueño a realizar: *una humanidad reconciliada*.

Cada uno de nosotros, y todos juntos, somos un pueblo de peregrinos, y por eso siempre a la búsqueda de nuestros hermanos, siempre hacia algo mejor. No estamos llamados a vivir en la confusión, sino que -abiertos a la acción de Dios- buscamos el Reino de Dios que es comunión, buscamos el rostro de nuestros hermanos y este es nuestro vivir como peregrinos.

DIOS ESTÁ DENTRO DE LA HISTORIA

Si atendemos a la narración bíblica, apreciamos que la historia de José es un relato sin visiones de Dios, ni palabras o promesas de Yahvé, como la de los otros patriarcas. Los personajes del relato de José son personas con sus pasiones humanas, odios, incapacidad de hablarse, rivalidades… pero no hay liturgias, ni José eleva plegarias a Dios desde el pozo o desde la cárcel, no hay templo ni sacerdote. Al menos el autor no lo recoge.

En la impresionante historia de José simplemente *Dios está dentro* y por ello no se le menciona. Sí, Dios está presente en cualquier acción humana, hasta en las negativas. Esta es la Buena Noticia que resuena en todo el relato. Nada es abandonado al azar de la suerte buena o mala. Dios está siempre acompañando la historia y saca bienes de los males.

Por eso, para ser peregrinos es necesario redoblar constantemente nuestra fe en su presencia, oculta en los repliegues del obrar humano, con la certeza de que actúa incluso en situaciones negativas y desfavorables. Dios está presente hasta en la oscuridad. Esto es lo que nos grita la historia de José y su peregrinar.

En el relato aparecen en primer plano los litigios entre hermanos, el odio, la crueldad ante el sufrimiento de José, las mentiras de los hermanos a su padre...

Pero, si entramos en los entresijos de los acontecimientos contados, en realidad, es Dios quien ocupa el primer plano, es Él quien ha conducido la historia, por eso dice la narración:

"Yo soy José, vuestro hermano, el que vendisteis a los egipcios. Pero ahora no os preocupéis, ni os pese el haberme vendido aquí, pues para preservar la vida me envió Dios delante de vosotros. Van dos años de hambre en el país y aún quedan cinco años en que no habrá arada ni siega. Dios me envió delante de vosotros para aseguraros supervivencia en la tierra y para salvar vuestras vidas de modo admirable. Así pues, no fuisteis vosotros quienes me enviasteis aquí, sino Dios; él me ha hecho padre del faraón, señor de toda su casa y gobernador de toda la tierra de Egipto" (Gén 45, 4-8).

Por tres veces repite José: *"Dios me envió"*. Pisamos un terreno sagrado: *la historia*. Y en ella el proyecto de Dios es un proyecto de amor. En una historia en la que se habla poco de Dios, en la que todo parece desenvolverse sólo bajo la influencia de las pasiones humanas y de la casualidad, sin embargo, es Dios el que ha actuado en favor de todos, es Él quien ha restaurado lo que el mal ha destruido.

En una sencilla frase podemos sintetizar el cimiento de la vida de José:

"Dios estaba con él" (Hch 7, 9).

También en Jesús esta es la roca sobre la que edificó su vida, tal como dice San Lucas:

"Pasó haciendo el bien y curando a los oprimidos por el diablo, porque Dios estaba con él" (Hch 10, 38)

Este es el secreto de los peregrinos de la fraternidad, los que caminan en la esperanza puesta en la meta, que no se paralizan ante los obstáculos, sino que cada prueba se les convierten en un trampolín que lanza a avanzar, y a seguir dando pasos, porque Dios está dentro de la historia, y acompaña cada paso torpe e incierto de los hombres. De forma que cada generación alumbra la existencia de la siguiente.

CAPÍTULO IV

UNA GENERACIÓN
ALUMBRA LA EXISTENCIA
DE LA SIGUIENTE

En la creación, la luz es la primera criatura porque ella rompe la tiniebla, que para la Biblia es signo de la nada y lo negativo. La última criatura, sin embargo, es el ser humano, cumbre de la creación, aunque es creado el sexto día, signo de imperfección en la cultura hebrea.

La humanidad se muestra así limitada, frágil y mortal, pero está abierta a la posibilidad de acceder al tiempo de Dios, a la eternidad, es decir, al séptimo día. Como en el principio, lo que acontece cuando el hombre y la mujer celebran el sábado, la fiesta de la comunidad que ora con Dios, es entrar en el descanso (shabbat), es participar de la fiesta de Dios[15]. Y así vivieron los hijos de Israel de generación en generación.

De la primera página del Génesis se desprende progresivamente la imagen de un mundo en devenir, en proyecto de *shalom*, en el doble sentido *de plenitud y de paz*. Así mismo, no está ausente la dimensión de *alianza* inherente a la idea de *shalom*, pues la humanidad es invitada a hacer suyo el deseo del Creador, que espera de ella una colaboración activa: *"Sed fecundos y multiplicaos, llenad la tierra y sometedla"* (Gén 1, 28).

Al abrir la ventana del Génesis, lo que vemos es un Dios aliado del hombre, confidente de su criatura a la hora de la brisa de la tarde.

---

15 Cf. G. Ravasi, *La Biblia en un fragmento*, Colección "El pozo de Siquem" 335, Editorial Sal Terrae, Cantabria 2014, 13-14.

La creación guarda en sus entrañas un plan de Dios, un mensaje silencioso que podemos percibir. Este plan encierra en sí mismo un despliegue de belleza que Dios realiza con los pueblos. Una belleza que se comunica silenciosamente, tal como dice el orante:

"Los cielos proclaman la gloria de Dios, el firmamento pregona la obra de sus manos. Un día le pasa el mensaje a otro día, una noche se lo susurra a la otra noche. Sin que hablen, sin que pronuncie, sin que se oiga su voz" (Sal 19, 2ss).

Esta belleza de la luz creada es semejante a la belleza de la luz humanada, recibida en la celebración del sábado por toda la comunidad, como si de un solo Adán se tratase.

Con la caída primera el proyecto de Dios fracasa, o al menos toma otros senderos no pensados por Dios. El hombre hace caso omiso del orden que el Creador ha establecido, precipitándose en el caos y la violencia, tal como relata la primera parte del Génesis (cf. Gén 1-11). Adán y Eva, en vez de llevar a plenitud la imagen divina que el Creador plasmó en ellos, se realizan a imagen del animal que se ha desbocado en ellos, apareciendo sobre la tierra el odio y el enfrentamiento.

A pesar de todo, el proyecto que Dios soñó sigue en pie, como lo atestigua el oráculo del profeta muchos siglos después:

"Habitará el lobo con el cordero, el leopardo se tumbará con el cabrito, el ternero y el león pacerán juntos: un muchacho será su pastor. La vaca pastará con el oso, sus crías se tumbarán juntas; el león como el buey, comerá paja. El niño de pecho retoza junto al escondrijo de la serpiente, y el recién destetado extiende la mano hacia la madriguera del áspid. Nadie causará daño ni estrago por todo mi monte santo: porque está lleno el país del conocimiento del Señor, como las aguas colman el mar" (Is 11, 6-9)

Bajo la influencia del Señor, a la escucha de su Palabra y su Ley, los pueblos marcharían hacia la paz, serían capaces de forjar de sus espadas arados y de sus lanzas podaderas. Dios siempre tiene designios de paz y no de aflicción. Pero la humanidad cerró libremente su oído a la paz de la creación, y surgieron las divisiones y las enemistades.

Hará falta un camino de vuelta al *shalom*. Los pasos inciertos y torpes de cada generación necesitarán ser reorientados en una larga peregrinación de vuelta a los orígenes. La senda está abierta, sólo es necesario recorrerla, aunque sea de noche.

Preciosa es la lámpara para el que camina en las tinieblas, por eso vamos a acercarnos a los textos bíblicos, -que son lámparas para nuestros pasos-, y vamos a descubrir los tesoros de luz que contienen.

En mi experiencia, las perlas finas conducen a la perla de gran valor, cada Palabra de Dios nos conduce a la perla de gran valor: *Jesucristo vivo* en la historia de cada persona.

Para descubrirlo, miremos atentos al hilo de la historia, concretamente la generación previa a José, de la que él recibe su heredad.

ESAÚ, JACOB Y LA FAZ DE DIOS

Un hombre está huyendo de su tierra. Aún siente a sus espaldas el clamor del hermano mayor del que se ha burlado. Bastan dos nombres: Esaú y Jacob, para hacer emerger en la memoria de todos nosotros una historia de divisiones y de atropellos familiares.

Esaú, suplantado por dos veces, quiere matar a su hermano Jacob, pero se contiene por respeto a su anciano padre (cf. Gén 27, 41). Entonces, Jacob huye al país de sus abuelos, y se coloca como pastor, casándose hasta simbólicamente con el rebaño: con Lía, que significa "la vaca", y Raquel, "la oveja de Dios"[16].

---

16 Cf. A. Wenin, *No sólo de pan. El deseo en la Biblia: de la violencia a la alianza*, Ediciones Sígueme, Salamanca 2009, 103-104.

Tras separarse de su suegro, regresa de su exilio con familia y ganados. Han pasado veinte años, pero cuando se entera de que Esaú va a su encuentro acompañado de cuatrocientos hombres, se llena de miedo creyendo que viene a vengarse (cf. Gén 32, 4-9).

Sin embargo, en el relato nada hace pensar que Esaú lleva intenciones belicosas, así que el temor de Jacob, -cuya intensidad queda de manifiesto por la desmesura de los regalos que le envía a su hermano para engatusarlo-, es más bien síntoma de la culpabilidad que siente. Jacob ya no ve en Esaú a un hermano, sino el cazador de quien huyó en otro tiempo y que hoy no dejará de tomarse por fin la revancha (cf. Gén 32, 8-22).

Pero, la realidad es muy distinta y la actitud de Esaú ante su hermano no deja de sorprender al lector (cf. Gén 33, 1-4). Mientras Jacob se acerca y se prosterna, como para hacer olvidar que la bendición robada presagia un desenlace contrario, *"Esaú corrió a su encuentro, lo abrazó y se echó al cuello; lo besó y lloraron"* (cf. Gén 33,4).

¿Qué ha vivido entretanto Esaú para reaccionar de forma tan inesperada?

El narrador apenas lo explica, pero cuando Esaú reaparece en el relato, la promesa de Isaac respecto a él cuando le bendijo parece realizada con creces: controlando su envidia, el cazador ha logrado sacudirse del cuello el yugo (cf. Gén 27, 40) que, -de algún modo-, le había impuesto la perfidia de su hermano, pues no sólo desdeña los animales enviados como regalo por Jacob, sino que manifiesta también un sincero afecto por él.

Entonces, viendo al cazador que domina su agresividad, hasta el punto de renunciar a la venganza, Jacob exclama:

"Si he obtenido tu favor, acepta este regalo de mi mano, pues he visto tu rostro como quien ve el rostro de Dios y me has acogido benévolamente" (Gén 33, 10).

De modo que aquel a quien la envidia volvía violento, hasta el punto de planear el asesinato de su hermano, muestra ahora el rostro pacificado de un hombre de perdón. A los ojos de Jacob es la imagen misma de Dios la que brilla en este rostro afectuoso de su hermano.

La faz de Dios es la ausencia de venganza, esta faz volverá a mostrarse en la historia de José. Pero antes de ver su faz, Jacob había pasado una noche luchando con Dios. Recordemos que, al terminar su combate nocturno, Jacob dice que ha visto el rostro de Dios, exactamente el relato dice:

"Jacob llamó aquel lugar Penuel, pues se dijo: He visto a Dios cara a cara y he quedado vivo" (Gén 32, 31).

Antes de ver a Dios en el rostro acogedor y emocionado de Esaú, Jacob necesitó quedarse solo en el valle, y luchar con Dios, ser tocado en la articulación femoral y bendecido en su cojera.

El seno de aquella noche engendró un hombre nuevo, no ya aquel Jacob de las peleas triviales con Esaú, sino Israel, cuyo nombre nuevo significa "luchar con Dios", protagonista de la contienda con Dios en la noche que le deja herido. Jacob muere para dejar espacio a Israel.

De esta manera -ya herido- se iniciaba su peregrinación real hacia la fraternidad con Esaú, que no tardaría en realizarse de veras, pero ya desde la verdad del don de Dios que transforma los corazones, no desde la astucia y el engaño.

En los relatos bíblicos la fe siempre aparece acompañada de su cortejo de sombras: la noche, el río impetuoso, el misterio del adversario, la lucha, la herida. La libertad humana se levanta sobre las riberas del Yaboc en toda su grandeza.

Con Esaú, el narrador atestigua que es posible que un Caín renuncie a matar a su hermano. Pero, entre el proyecto de asesinato y el perdón, sólo se cuentan tres cosas a propósito de Esaú, las cuales por su parte también vivió Jacob: el respeto hacia su

anciano padre, la marcha al extranjero -con el consiguiente alejamiento de sus padres y de su hermano enemigo- y la boda.

Estos tres elementos: respeto, marcha y boda, volvemos a encontrarlos en la historia de José, ellos revelarán su secreto (cf. Gén
37-50). Lo iremos viendo a lo largo de estas páginas, así vamos
desvelando cómo una generación alumbra la siguiente en un continuo caminar.

JOSÉ, LA ANIMALIDAD O EL RETIRO DE LA PALABRA

Tras el reencuentro con su hermano, Jacob parece renunciar definitivamente a la violencia y a la mentira. En cambio, sus hijos,
pastores como él, han heredado la rivalidad propia de la anima-
lidad, y necesitan recorrer su propio camino, hasta recibir el don
de la fraternidad tras una larga andadura acrisolada.

La repetición de los enfrentamientos fratricidas en la Biblia
representa también una gran esperanza: la insistencia de que en
la violencia se abre paso de nuevo la vida. El mensaje es siempre alentador: la última palabra la tiene el don de un nuevo
renacimiento, allí donde las relaciones habían sido reducidas a
cenizas.

En el relato bíblico, José es presentado como pastor de un
rebaño, pero también pastor de sus hermanos, de los cuales ha de
dar noticias a su padre. Sus hermanos son presentados con una
violencia inhumana, y José va a tener que enfrentarse a la anima-
lidad de todos –incluso la suya propia- con el fin de apaciguarla
como buen pastor.

Al contar sus provocadores sueños, José -quizás sin darse cuen-
ta- alimenta en sus hermanos el odio y la envidia. Ellos deciden,
en consecuencia, retirarle la palabra. Aquel que ha informado a su
padre de la mala conducta de sus hermanos, resulta excluido de la
relación humana, tal como dice el narrador:

"Al ver sus hermanos que su padre lo prefería a los demás, empezaron a odiarlo y le negaban el saludo" (Gén 37, 4).

Desde Caín sabemos que cuando falta la palabra, la violencia encuentra medios para expresarse. Y es justamente lo que ocurre en el momento en que José reúne a sus hermanos, para responder al deseo de su padre de hacer volver una palabra a él, tras haber visto la paz de sus hermanos pastoreando. Pero esta paz está ausente entre ellos.

Pastorean en Siquém, según cree su padre Jacob, lugar de un gran crimen en tiempos pasados (cf. Gén 34), pero están aún más lejos de la casa paterna, en Dotán, y alimentan proyectos asesinos en cuanto ven llegar al "dueño de los sueños" (cf. Gén 37, 19)[17]. Y si el respeto o temor a su padre no hubiera movido a Rubén, José se hubiera convertido en un nuevo Abel.

En realidad, aunque no se produce asesinato, tiene lugar una agresión de la que José es la víctima silenciosa. Despojado de su túnica, el signo de la preferencia paterna, es arrojado a un pozo antes de ser vendido a los ismaelitas, hijos de Ismael, el cazador de las estepas, aliado de Esaú.

La agresión se asocia por dos veces con la imagen del animal salvaje. La primera, los hermanos traman una estratagema para tapar el crimen que maquinan:

"Vamos a matarlo y a echarlo en un aljibe; luego diremos que una fiera lo ha devorado" (Gén 37, 20).

La segunda vez es Jacob quien lo menciona al final del episodio. En efecto, al recibir la túnica de José manchada de la sangre, con la que los hermanos la han empapado, exclama:

---

17 Literalmente el texto hebreo dice "ba'al ha halomôt", señor o dueño de los sueños.

"Es la túnica de mi hijo; una bestia lo ha devorado. Sin duda, José ha sido despedazado" (Gén 37, 33).

Su grito acusa indirectamente a los hermanos de ser las fieras que despedazan y devoran[18], lo cual lo hubieran hecho si el afán de lucro no los hubiera atrapado.

De nuevo, la violencia, -que transforma a los pastores en fieras-, va a la par de la codicia. Pero también aparece el disimulo, pues la única palabra que vuelve a Jacob no es la palabra de paz que él esperaba.

Los hijos le inducen a error acerca de la suerte de José y de su propia maldad. Pero, igual que cuando Jacob había engañado a Isaac, -con ayuda de la ropa del hijo predilecto de este y de sus cabras degolladas-, aquí en esta escena paralela, los signos destinados a engañar, dicen la verdad que disimulan, pues, por un lado, los hermanos tienen algo de bestia feroz, tras la que esconden su crimen, y, por otro, José tiene algo de chivo, cuya sangre empapa su túnica.

En efecto, es evidente que la actitud inicial de José –de contar las malas habladurías sobre ellos-, ofende a sus hermanos. Sin duda mostró una gran carencia de sensibilidad, delicadeza y humanidad. Y si miramos bien, esto inhumano de José de ir con malas noticias de sus hermanos a su padre, ¿no es lo que perece en la aventura, bajo la figura del chivo? ¿No es a ese José a quien Jacob llora, a ese hijo a quien su predilección exclusiva volvía inhumano para con sus hermanos?

Por otro lado, no es una casualidad que el animal que representa a José sea un chivo, un s^{e}'îr 'izzîm. El Levítico utiliza este término para denominar dos chivos: uno el chivo expiatorio que era enviado al desierto con los pecados de la colectividad (cf. Lev 16, 10.21-22), exactamente como José; y había otro chivo que

---

18 Esta interpretación es corriente en el judaísmo: J. EISENBERG – B. GROSS, *Un messie nommé Joseph*, 186-89: pero también en los padres de la Iglesia: JUAN CRISÓSTOMO, Homilía 61 sobre el Génesis (PG 54, 530).

era inmolado en sacrificio por el pecado, cuya sangre permitía la santificación a Israel (cf. Lev 16, 9. 15-19), como el inmolado por los hermanos de José[19].

De acuerdo con este simbolismo, una vez que José se aleja con el pecado de todos, habiendo comprendido el suyo, se habría superado una primera etapa hacia la transformación de la familia de Jacob, en la que cada uno era un lobo para el otro.

Pero primero hay que sufrir una separación transformante y restauradora de vínculos, de manera que los pastores de la familia de Jacob puedan ser verdaderamente lo que son, sin animalizarse, estableciendo unas relaciones adecuadas a lo que son cada uno: cuidadores solícitos del rebaño familiar.

En esta separación transformante, hizo falta primero *un pozo* donde es arrojado José, el soñador.

Veamos la imagen del *pozo* en la cultura bíblica, nos ayudará a desentrañar la historia de José.

EL SIMBOLISMO DEL POZO

En la vida llega un momento en que hay que dejar *la casa*, salir del lugar de protección y arriesgar para avanzar por el camino. José también pasa por este momento de éxodo, de salida de la casa, llevando una palabra de su padre: *"Tráeme noticias de tus hermanos"*.

Pero la vuelta a la *casa* paterna queda interrumpida por *un pozo,* donde José es arrojado por sus hermanos.

En los pueblos antiguos del creciente fértil, sometidos a las duras condiciones desérticas, *el pozo* es un elemento vital, es fuente de vida biológica, siempre ligada al agua, pero también punto de encuentro donde bulle la vida social y cultural de estos pueblos.

El *pozo* jugaba un rol particular. Alrededor de él se sellaban los contratos, se realizaban intercambios económicos y se decidían

---

19 Cf. A. DA SILVA, *La symbolique des rêves et des vêtements dans l'histoire de Joseph et de ses frères*, Héritage et projet 52, Les Éditions Fides, 1994, 88.

los matrimonios. En torno al *pozo* había vida y vida sobreabundante. El *pozo* no sólo saciaba la sed de agua, sino que satisfacía el anhelo de comunión y la sed de comunicación e intercambio que brota de todo corazón humano.

Aunque el *pozo* al que es arrojado José está vacío, sin agua (cf. Gén 37, 24). En lugar de ser un punto de reunión y encuentro, es el inicio de una separación familiar. Al soñador de cosas grandes le han arrojado al lugar donde se ha secado la vida.

La palabra utilizada por el narrador es *be'er*, que designa el *pozo o aljibe*, pero también significa *explicación o interpretación*, con el sentido de dilucidar y entender. Es el sentido que *be'er* tiene en el libro del Deuteronomio, cuando dice el autor:

"Moisés comenzó a exponer esta ley, al otro lado del Jordán" (Dt 1, 5)[20].

Los muchos sentidos de la ley están ocultos en el pozo de la Palabra de Dios para los rabinos, están bajo la piedra que tapa el pozo y que representa los obstáculos para comprender. La facultad de Moisés, y más tarde de Jesús junto al pozo de Jacob, es *elevar la piedra*, es decir, dar a conocer el sentido de la ley dada en el Sinaí y explicarla. Se comprende mejor que Jesús, sentado junto al pozo, dijera a la samaritana:

"Si conocieras el don de Dios" (Jn 4).

Cada vez que explicamos una Palabra de Dios, elevamos la piedra del pozo, y sacamos agua viva, para saciar la sed de los hombres.

La familia de José está lejos de esta vivencia. Lo que tienen entre manos es un pozo seco, sin agua. Lo que es un punto de vida

---

20 Cf. F. MANNS, *L'Evangile de Jean et la Sagesse*, Studium Biblicum Franciscanum, Analecta 62, Franciscan Printing Press, Jerusalén 2003, 114ss.

abundante, se convierte en una fosa de muerte, para eliminar al soñador y sus sueños.

Nadie se sienta junto a este pozo para explicar el sentido de la vida. Entre los hermanos y José faltan palabras de acogida, falta entendimiento entre ellos. El agua viva se ha cambiado en un surtidor de agua amarga, de violencia y mentira.

Pero aquí no acaba la historia, seguiremos las huellas de José y su familia. Más adelante veremos este *pozo* vacío como parte necesaria de un camino de transfiguración y cambio.

La historia de José ejerce una fascinación en los lectores, porque permite seguir una lenta transformación de los personajes principales: José, hijo de Jacob, rechazado por sus hermanos, que vive un brutal descenso al pozo del odio, y que experimenta un asombroso ascenso, hasta llegar a ser "el padre del faraón" (cf. Gén 45, 8). Y esta brillante carrera se inscribirá en el proyecto de Dios para todo Israel.

Así mismo, Jacob, el astuto, que vive un duelo de purificación en todos estos años de transformación de José.

Y entre los dos, los hermanos, que primero odian al soñador y luego lo venden. Ellos también tendrán que experimentar ser extranjeros en Egipto, y tener que pedir el alimento al soñador, hasta llegar a la reconciliación fraterna recibida como don.

En medio de todo este peregrinar transformante, los sueños tienen un lugar importante en la trama. Vamos a verlo.

CAPÍTULO V

LOS SUEÑOS DE JOSÉ PERDIDOS Y REENCONTRADOS

¡Quién no ha soñado alguna vez en su vida! Cuando tenemos el valor de soñar, vemos la realidad orientada hacia horizontes grandes, discernimos cómo avanzar para alcanzarlos y descubrimos en ellos una señal de Dios.

Los que soñamos no pretendemos tener las respuestas a todos los interrogantes que la vida nos plantea, pero sintiendo el impulso del Espíritu, y aplicando los criterios del Evangelio en el discernir lo real que tenemos delante, escuchamos en los sueños la invitación del Señor a salir hacia cosas grandes y despertamos a la vida saboreándola.

De todos los sueños que he escuchado, el más frecuente es el de "una fraternidad más auténtica". Y sin duda, Dios está inspirando estos sueños que movilizan, y nos ponen alas para avanzar, fiados del Señor que los inspira[21].

En el río del tiempo se viven la alegría, la fiesta, las sonrisas, la belleza, la luz, los sueños, pero también están el acecho del mal, el duelo, la tristeza, la desgracia, las lágrimas, las tinieblas.

Pero, en la escuela de la Biblia aprendemos a descubrir a Dios en medio de todas las situaciones cotidianas, y con más fuerza cuando Dios entra en la historia humana encarnándose, llegan-

---

21 Cf. PAPA FRANCISCO, *Fratelli Tutti*, Asís 3-10-2020: "Los procesos efectivos de una paz duradera son ante todo transformaciones artesanales obradas por los pueblos, donde cada ser humano puede ser un fermento eficaz con su estilo de vida cotidiana… Cada uno juega un papel fundamental en un único proyecto creador, para escribir una nueva página de la historia, una página llena de esperanza, llena de paz, llena de reconciliación…Hay una artesanía de la paz que nos involucra a todos….es una tarea que no da tregua y exige el compromiso de todos. Trabajo que nos pide no decaer en el esfuerzo" (FT 231s).

do a ser el Enmanuel, el tan anhelado "Dios-con-nosotros", que transforma todos los acontecimientos en historia de salvación.

Con anterioridad, en la historia de José, vemos cómo Dios entra en la historia también a través de los sueños. De forma que el tiempo se convierte en el *kairós*, en tiempo personalmente vivido, y no tanto en el simple *chrónos* o sucesión días y años, porque Dios se presenta en las encrucijadas de la historia, es el Señor de la historia, la cual deja de ser solamente una nomenclatura de fechas y de datos, transformándose en una historia santa.

Siguiendo el hilo de la historia humana, la Biblia recoge los sueños de muchos personajes, porque no es un libro de teorías, sino que es un odre modelado con belleza, que recoge el agua de la existencia de los hombres, donde Dios actúa. Los sueños son parte de la vida humana, y en el mundo bíblico tenían gran importancia, a través de ellos Dios se comunicaba con los hombres.

Su voz resonó en los sueños de José, el hijo de Jacob, hace muchos siglos. Sus hermanos dijeron de él:

"Por ahí viene el soñador. Vamos a matarlo" (Gén 7, 3s).

Y aunque la vida de José dio un inmenso e inesperado cambio, -fue introducido en un pozo, y después vendido a un pueblo extraño-, los sueños no le abandonaron, ni la voz de Dios en ellos. Su sueño de fraternidad llegó a fraguarse más tarde en una realidad acrisolada en la historia, pero llena de belleza. El soñador fue el que hizo avanzar la historia, cuando una gran hambruna parecía que iba a destruir a los pueblos.

El sueño de Dios siguió vivo en las generaciones venideras, y se manifestó también a los profetas, un sueño de armonía y paz entre todas las criaturas, donde el lobo vivirá con el cordero, la pantera se echará con el cabrito, y el león y el novillo pacerán juntos (cf. Is 11).

Este bello sueño, siguió vivo en la historia hasta llegar a la mesa de la Última Cena, en la que se oye la voz de Jesús que dijo:

"Ardientemente he deseado comer esta comida pascual con vosotros" (Lc 22, 15).

Jesús sabía que uno le iba a vender, que otro le negaría, y que todos le dejarían solo en el momento de "su hora", pero no dejó de creer en el sueño de su Padre, que hizo suyo, y que resonó en esta mesa de la Última Cena cuando dijo:

"Que todos sean uno" (Jn 17, 20).

Nada es obstáculo para los sueños de Dios.

Cada epifanía de Dios en la historia contiene una invitación a considerar al Señor como *un aliado*, un compañero de viaje fuerte y amoroso, y también una invitación a *la confianza,* porque no estamos a merced de un destino imponderable y caótico. La historia -aún entregada a la libertad humana desordenada y en ocasiones devastadora- lleva en sí la trama de un proyecto trascendente de justicia y de paz.

Este Dios, - *aliado* del hombre, en quien se puede confiar-, acompaña la historia con su palabra y también comunicándose en los sueños. Para ir conociéndole retomemos el relato de José y sus sueños tan existenciales, tras ellos está el Señor de la historia.

EL CICLO DE JOSÉ

En el ciclo de José (cf. Gén 37-50) se recogen seis sueños: dos de José, dos de los ministros del faraón -el copero y el panadero- y dos del faraón. Todos los sueños del relato giran en torno a José, o al menos recobran luz y sentido con él, porque es José quien los interpreta, pero el verdadero protagonista de la historia es Dios y su providencia para hacer crecer la vida.

Los primeros sueños que el narrador cuenta son los dos sueños de José, uno de carácter agrícola, el sueño de las gavillas, y otro astrológico, el sueño de las lumbreras del cielo, temas que ocupaban el espacio de la vida cotidiana de aquellos pueblos antiguos. Las gavillas del primer sueño hacen presente la recolección del campo:

"De pronto mi gavilla se levantó y se mantuvo en pie, mientras que vuestras gavillas la rodeaban y se postraban ante ella" (Gén 37, 7);

y el segundo sueño evoca los astros del universo:

"He tenido otro sueño: el sol, la luna y once estrellas se postraban ante mí" (Gén 37, 9).

Las once estrellas no aluden sólo a los hermanos de José, sino que evocan los signos del zodíaco[22], y por tanto hacen presente todo el año cronológico, y toda la historia, que se centran en José, como unificando todo lo ocurrido en el trascurso de la vida alrededor de aquel joven soñador.

Este estar al centro del zodíaco en las culturas antiguas significaba "salvar al tiempo". Algo que en el trascurso de los acontecimientos se cumplirá, aunque no al modo que hubiera querido José.

De hecho, su gavilla en pie, rodeada de las de sus hermanos inclinándose ante él, simbolizará la abundancia de grano en Egipto, gracias a José, sosteniendo en la hambruna a sus hermanos y a todos los países afligidos por este difícil tiempo de escasez.

La vida da siempre mil vueltas y nunca podemos decir de esa agua no beberé.

José tiene grandes metas y sueños, pero su error fue pensar que desempeñaría grandes empresas sin pasar por el sufrimiento y las dificultades.

---

22 La gente de aquella época creían mucho en la influencia de los astros.

Incluso, en ocasiones, José parece algo ingenuo, porque cuenta todo lo que sueña a sus hermanos, sin tener en cuenta que le aborrecían por ello, hasta el punto de no poder ni siquiera saludarle. Siguiendo la narración vemos el peregrinar de José de la ingenuidad a la sabiduría. Esta andadura la ha de recorrer toda persona que quiera crecer y aprender de la senda de la vida.

Pero, en el relato, ante los sueños de José, la reacción de los hermanos y del padre son diferentes, porque los lazos que los unen son completamente contrarios:

"Sus hermanos lo envidiaban, pero su padre guardaba la cosa para sí" (Gén 37, 11).

Jacob meditaba todo en su corazón, aunque no comprendía el sentido de los sueños contados, pero no juzga y prefiere esperar. Los hermanos, sin embargo, están dominados por el rechazo hacia el soñador, y comienzan a acumular celos, que finalmente intentará acabar con los sueños del joven hijo de Jacob.

BUSCAR NUESTROS SUEÑOS PACIENTEMENTE

Una enseñanza es clara: los sueños de José han de *ser purificados o acrisolados;* sus sueños se realizarán, pero no como él los imagina, no según su presunción. Esos sueños han de ser liberados de toda miseria, de toda posible egolatría acomodada, de todo engaño de prepotencia y dominación sobre los demás.

Toda esta narración nos habla a todos nosotros. Si examinamos día a día nuestros pensamientos, veremos que muchas desilusiones y preocupaciones que nos afligen son consecuencia de nuestras presunciones, de haber soñado empresas y proyectos sin pasar por dificultades.

Los sueños nos hacen aspirar a las cosas grandes y nobles, esto es bueno, y ensancha el corazón, pero el camino a recorrer hasta alcanzarlos tiene avances y retrocesos, y José no contaba con ello.

Alcanzar los sueños precisa de una búsqueda constante y decidida, contando con adversidades y obstáculos.

Al hilo de la narración bíblica, vemos que los sueños irritan mucho a los hermanos de José, hasta una medida desproporcionada. ¿Por qué tanta envidia de unos simples sueños que no son todavía realidad?

Puede que hubiera varias razones: la doble medida del padre: "*Su padre lo prefería a los demás*" (Gén 37, 4); también el desenmascarar de José a sus hermanos: "*José comunicó a su padre la mala fama de sus hermanos*" (Gén 37, 2), y la mala interpretación de los sueños por sus hermanos, como voluntad de dominación del menor que quería suplantarles.

Pero, en el fondo de todo está el no sentirse amados por el padre, de aquí que surgiera este pensamiento: si matamos a José, nuestro padre Jacob nos dará todo lo que le da a él. El amor del padre es fundamental en la vida de todos los personajes de esta historia, así mismo es clave en la vida de todos nosotros. Cuanto mayor es la certeza y experiencia de este amor, más segura y sana es la fraternidad.

Vivimos en un mundo huérfano, la figura del padre que ama, y guía a los hijos, está ausente, por ello podemos decir que los hermanos de José son figura de la humanidad entera, que no se fía de Dios ni conoce su paternidad.

Pocos creen en el plan de amor de Dios. A partir de Adán se introduce en el mundo la sospecha de que Dios ha prohibido tomar del árbol por celos del hombre, como si fuera un rival de la persona. Esta es la raíz de todo ateísmo, que desea que Dios muera para que el hombre viva. Si nos fijamos bien, en la raíz de todo alejamiento de Dios está la envidia y la desconfianza, las cuales conducen a la rivalidad.

Quizás lo que nos haga falta es soñar al estilo de Dios, anhelar tocar cosas grandes y nobles, buscar *nuestros sueños perdidos* entre tantas malas hierbas que crecen en el camino. Necesitamos preguntarnos de nuevo hoy: ¿Tú qué sueñas? ¿Sueñas junto a otros?

¡Qué importante es soñar juntos! Solos se corre el riesgo de tener espejismos, en los que ves lo que no hay; los sueños se construyen juntos (cf. FT 8)

Descubramos lo que hay de verdad en nuestros sueños y lo que hay de vanidad; aceptemos la purificación de ellos, como José la aceptó, pero no desistamos de ellos.

Esta purificación se realiza en el desprecio, en el rechazo, en las pruebas de abandono y descalificación, como lo vemos en el relato de la historia de José, pero todo este crisol nos hace crecer en la total confianza en Dios, en afianzarnos en el amor rendido al plan de Dios, y en la esperanza gozosa de un futuro con un horizonte verdadero, que marca únicamente Dios. Él cuida de nosotros siempre, en cualquier circunstancia, pese a las apariencias contrarias, tal como acontece en la familia de Jacob.

Necesitamos aprender a salir de la corteza de la vida e introducirnos en el corazón de la historia, donde todo se unifica y se llena de sentido.

De una lectura reposada de las vicisitudes de esta familia, descubrimos que cada generación ha de hacer suyas las luchas, los sueños, y los logros de las generaciones pasadas y llevarlos a metas aún más altas. Los sueños han de ser conquistados cada día.

UNA CRISIS EN LA FAMILIA DE JACOB

La apertura del relato de José pone al centro de la escena la *crisis familiar*.

Jacob, privado pronto de Raquel, ha dirigido su afecto hacia el primogénito de esta.

Pero hay otros hijos mayores, nacidos de Lía y de dos siervas, Bilhá y Zilpá.

Al ofrecer a su hijo predilecto una túnica, muestra claramente su preferencia por él. Y José se encuentra desgarrado entre el amor de su padre, y el odio de sus hermanos, hasta el punto que esta situación impide cualquier palabra de paz en la familia (cf. Gén 37, 2-4).

En este contexto los hermanos y el padre ven en sus sueños, y en sus palabras, un signo de su deseo de dominarlos.

Pero: ¿es correcta la interpretación dada a estos sueños contados? ¿Expresan deseos de dominar? ¿Y si expresaran más bien el secreto deseo del soñador de ver cómo acaba positivamente la tensión que experimenta, aceptando sus hermanos reunirse en torno a él, y reconociendo que la preferencia paterna lo ha puesto en el centro?

Quizás lo que late tras esta crisis familiar es el *vínculo paterno*, la relación de todos con el padre, que configura y modela los lazos familiares. De hecho, cuando el desgarro familiar se concrete, y los hermanos se alejen con el rebaño, el padre toma la iniciativa de enviar a José hacia ellos con una misiva de paz. El padre, desde la casa, piensa en los hijos que están lejos.

Para dar una salida a la crisis, el padre se arranca de sí a su hijo predilecto, y lo envía hacia sus hermanos para recomponer la fraternidad, con la esperanza de que *la palabra* pueda abrir un camino entre ellos.

El padre le dice a José:

"Anda, mira la paz de tus hermanos, y la paz del rebaño, y hazme llegar una palabra" (Gén 37, 14)[23].

Le manda mirar el *shalôm* (paz) de sus hermanos y del rebaño, y traer una *dabâr* (una palabra), podemos decir que le encomienda una misión con la que traer paz en sus ojos y palabra en su boca. Así, la tarea que le confía consiste en encontrar una salida a la crisis familiar, en la que sólo la palabra no logra instaurar la paz.

José acepta intentar algo para transformar las relaciones que Jacob y él mismo han emponzoñado. A partir de ese momento, su deseo declarado es encontrar a sus hermanos, debiendo para

---

23 La traducción de la CEE dice: "Ve a ver cómo están tus hermanos y el ganado, y tráeme noticias".

ello ir más lejos de lo que su padre le ha pedido. De esta manera, el elegido se compromete en la búsqueda de una solución a la crisis que la elección ha abierto.

José ya ha vivido un avance, un éxodo, y una vuelta sobre sus palabras primeras, que hablaban al padre de la mala fama de sus hermanos. Ahora se lanza a buscar a sus hermanos, que es el deseo de su padre. Olvida habladurías y se va convirtiendo en un buscador al servicio del padre.

Pero los hermanos aún no han vivido esta búsqueda fraterna, que es don de Dios, lo vivirán más tarde.

La reacción de los hermanos al ver de lejos a José, impide la realización inmediata de los sueños de José. La *palabra* que vuelve a casa del padre es la túnica ensangrentada y la invitación a reconocer en ella la de José.

Pero este no es el final de la partitura, aún queda melodía que escuchar para apreciar la obra musical completa.

En el lenguaje musical, para captar la melodía de una partitura, el músico ve las notas una a una, pero no aisladas, sino en cuanto todas configuran un conjunto dotado de sentido y de armonía. Ningún sonido es más o menos que otro, aunque su duración o frecuencia sea diferente.

De igual manera, la figura de José hemos de apreciarla en el todo de la narración y en la evolución de sus palabras intercambiadas con su familia. El ser humano adquiere conciencia de su yo, no aisladamente, sino al ser apelado por un tú, y sobre todo por el Tú divino, por eso *la palabra* es básica para crecer en fraternidad. En verdad el hombre consiste esencialmente en diálogo, y la vida se realiza esencialmente en el lenguaje, cuya melodía se escribe en clave de Amor, y en cuya partitura son necesarios hasta los silencios.

Cabe a esta altura de nuestra andadura por el relato de José preguntarnos: ¿Podrá un día *la palabra* convertirse en un factor de paz en esta crisis familiar?

El lector expectante tendrá que seguir el relato para descubrirlo.

CAPÍTULO VI

CAPÍTULO VI

PALABRA DE PAZ
Y PROVIDENCIA

No será decepcionado el lector que recorra la historia entera sin precipitarse en conclusiones inmediatas.

Un día José enviará a sus hermanos a donde Jacob con palabras de paz y de vida, pero después de haber encontrado en ellos a unos verdaderos hermanos (cf. Gén 45).

Dios no aparece en primer plano en la historia de José, sino que actúa en forma de una providencia discreta, que ya se anuncia en los sueños de José, pero que hay que ir descubriendo paso a paso.

El faraón reconoce en José a un hombre en quien se encuentra el espíritu de Dios (cf. Gén 41, 38s), por tanto, un hombre con una sabiduría e inteligencia inigualables. Así muestra el faraón el sistema de pensamiento que subyace en toda la narración: "Dios puede dar a conocer sus designios a cualquier hombre, ya sea israelita o egipcio, por medio de sueños premonitorios". Por eso, la interpretación de ellos queda reservada sólo a José, él tiene el espíritu de Dios, que le otorga un saber el sentido de la vida y de los sueños[24].

Por desconfiar de los sueños de su hermano menor, los hijos de Jacob precipitan su propia corrección. Pero, aquello que puede parecer para una mirada superficial como un mal, como es el caso del rechazo a José, puede -por medio de la providencia- producir bien, y acrecentar la vida, tal como indica la raíz del nombre José (ysp), que significa "aumentar".

Y como hemos dicho anteriormente, la historia de José permi-

---

24 Cf. Th. Römer- J-D Macchi- Chr. Nihan (Eds.), *Introducción al Antiguo Testamento,* Desclée de Brouwer, Bilbao 2008, 169ss.

te una lenta transformación de los personajes, que, tras un duro camino, llegan a la restauración de los vínculos familiares y ven la salida de una crisis familiar que los acrisoló.

ELIMINAR AL HERMANO, ELIMINAR AL PADRE

Contemplar a José, enviado por su padre a buscar a sus hermanos, que con buena voluntad va a ellos, y los hermanos que desde lejos ya lo ven y confabulan contra él, nos evoca la vida de Jesús que pasa por situaciones parecidas. Este es el precio que deben pagar los peregrinos por la justicia pacífica y salvadora de Dios, lejos del antiguo ojo por ojo y diente por diente.

Muchas veces me pregunto: ¿Cómo vivió José esta difícil situación de rechazo?

En el relato aparece mudo, como un cordero ante el que lo trasquila. No sabemos más. Pero sí se desprende de la narración que *eliminar a José* tirándolo a un pozo, en el fondo es *eliminar al padre*. Los hermanos quieren un amor igual a todos, y como el padre prefiere a José, es necesario eliminarlo.

Esta es una justicia desordenada que conduce al error, no sólo a vender al hermano, sino al desconsuelo del padre, tal como dice el relato:

"De luto bajaré al lugar de los muertos, adonde está mi hijo. Y su padre lo lloró" (Gén 37, 36).

Jacob espiritualmente ha muerto. Este es el resultado de un comportamiento lleno de maldad que se inicia por una comparación: ¿Nos ama nuestro padre como a José, o menos que a él? Esta forma de vivir en comparación llega a hacer la vida imposible al padre. Ciertamente, la muerte del padre de familia forma parte del proceso de formación del grupo familiar y esto queda bien reflejado en la narración bíblica.

Quien busca a sus hermanos, quien entra por la senda de ser "peregrino de la justicia" que viene de Dios, debe prepararse para el fenómeno de la eliminación. Forma parte del camino, aunque suene duro.

Con la eliminación de José, los hijos de Jacob quedan separados, no sólo de José -su hermano-, sino también del padre. Y ahora la vida de los hermanos trascurre en la mentira y bajo el miedo. Los hermanos querían ganarse el corazón del padre, pero de hecho lo han perdido. De la eliminación del hermano no ha salido ni paz ni libertad. Es importante que esta enseñanza nos entre y se nos grabe a fuego.

Trascurren los años, y externamente se hacen fiestas, se celebran bodas en la familia de Jacob, nacimientos…, pero interiormente cada miembro de la familia está carcomido por la culpa, que se convierte en un nudo de iniquidad que estrangula la garganta de la fraternidad.

EL PESO DE LAS CULPAS

El problema de familia, -que se plantea desde el comienzo de la historia de José-, tiene una larga historia que se remonta a Abraham. En efecto, apenas se acaba de destetar a Isaac, cuando se ve privado de su hermano mayor, ya que Sara, celosa, exige que Ismael sea enviado con su madre al desierto (cf. Gén 21, 8-14).

Aparentemente esto no tiene consecuencias para Isaac. Sin embargo, el lector sabe que éste se establece en el pozo de Lahai-Roi (cf. Gén 24, 62; 25, 11), un lugar cargado de recuerdos de su hermano, puesto que su nacimiento y su destino fueron anunciados allí a su madre (cf. Gén 16, 11-14).

Convertido en padre de gemelos, Isaac prefiere a su hijo primogénito, hombre de grandes espacios, como Ismael, su hermano mayor (cf. Gén 25, 27s). Incluso, igual que su tío, Esaú se casa con mujeres extranjeras (cf. Gén 26, 34) antes de casarse con una hija de Ismael, con la esperanza de agradar a Isaac (cf. Gén

28, 6-9). Todos estos detalles convergen, y hacen pensar que: la preferencia de Isaac por su hijo mayor quizá esté ligada al hecho de que muy pronto se vio privado de su hermano.

Por su parte, Rebeca pone su mirada en Jacob, a semejanza de su suegra Sara, que también había preferido al pequeño. En una especie de celo materno por el segundo, siempre igual que Sara, actúa de modo que su hijo amado destrone al mayor, privándolo de la bendición paterna. Este odioso robo provoca el resentimiento de Esaú, y para evitar lo peor, Jacob huye de su casa (cf. Gén 27, 41- 28, 5). Aconsejado por sus parientes, se dirige a casa de su tío materno, Labán, donde se encuentra con Raquel, sobrina de Rebeca, que es también la pequeña como él.

Invitado a habitar y a trabajar en casa de Labán, Jacob ama a Raquel más que a la primogénita, Lía. Pero pronto las cosas se tuercen: astuto como su hermana, Labán engaña a Jacob con Lía y en favor de ella, igual que Rebeca había engañado a su marido con su hijo querido favoreciéndolo. Jacob entra de nuevo en conflicto, esta vez con este tío suyo que se dice "su hermano" (cf. Gén 29, 15). Por su parte, sus dos esposas -de las que una es odiada, pero fecunda, y la otra amada, pero estéril-, repiten el conflicto entre la abuela Sara y su rival Agar (cf. Gén 29, 31- 30, 23).

Es en este contexto en el que nacen los doce hijos de Jacob.

Sus nombres traducen la exacerbación de la envidia que obsesiona a las dos mujeres en la carrera por el marido y por el hijo.

¿Es extraño en este caso verlos hundirse a su vez en conflictos marcados por los celos y el odio, cuando Jacob hace recaer sobre el hijo de Raquel la preferencia que manifestaba ya por su madre, muerta en el momento en que comienza la historia de José (cf. Gén 35, 19)?

De esta manera, de una generación a otra, en esta familia los problemas de relación se repiten, se desplazan, se amplían.

A partir del momento en que concluyan definitivamente las

disputas familiares de José y sus hermanos, se pone fin, no sólo a su propio conflicto fraterno, sino también a un problema que se arrastraba desde hacía varias generaciones.

Pero antes, se han de dar una serie de pasos en un camino de búsqueda de los hermanos. Y en este camino es capital la purificación y las palabras intercambiadas en los diferentes momentos cruciales.

EL PROCESO DEL CRISOL EN EL PEREGRINO JOSÉ

El pasar por el crisol es un proceso lento y difícil, que comporta desolación, oscuridad, humillaciones, un tipo de "muerte" por el que han de pasar todos en la familia, podemos decir que el relato se satura de muerte ya en los comienzos. Pero todo ello ciñe a José y le conduce a donde él no quería.

El plan inicial de matar a José, que no se pone en práctica, es indicativo de que algo va a morir. De hecho, la cisterna sin agua a donde arrojan a su hermano es, tanto para él como para los hermanos, el lugar de una *muerte simbólica*. La túnica llena de sangre que envían al padre sigue en el contexto de muerte. En el duelo de Jacob se paralizan las relaciones familiares y sin consuelo la muerte está presente.

La gran prueba de José al ser eliminado por los hermanos es sólo un comienzo, aún ha de atravesar por diferentes fases de desencanto, como la desilusión de la honradez y la decepción de la amistad.

Las palabras de engaño y astucia de los hermanos, que juegan con las apariencias, tienen una capital importancia en las fraudulentas relaciones vividas.

Así, Rubén engaña a sus hermanos ocultándoles su intención de salvar a José, y es a este engaño al que éste debe la vida (cf. Gén 37, 21-22). A continuación, los hermanos actúan con ardides con su anciano padre, de modo que se entere de la desaparición de su hijo, pero sin saber qué papel han desempeñado ellos en esa desaparición. Este segundo engaño provoca la desgracia de Jacob y desemboca en la duradera parálisis de las relaciones familiares.

La mirada del lector, -antes de que se encuentre confrontada con la astuta estrategia de José, que se ocultará a sus hermanos cuando ya está viviendo en Egipto-, ha de seguir una serie de insistencias en la temática de *muerte y engaños,* como un compás que marcara el ritmo de la vida familiar.

¿Qué va a pasar con esta familia desgarrada? ¿Prevalecerá la vida o tiene la última palabra *la muerte y el engaño?*

La misión confiada por Jacob a José y el deseo de fraternidad de éste han sido abortados. El padre vivirá conservando el doloroso recuerdo de su hijo desaparecido. Entre los hermanos y José, la violencia y la exclusión han prevalecido. Entre Jacob y sus hijos es el disimulo, la mentira y la hipocresía los que gangrenan la relación.

Si nos fijamos bien, todos están implicados en la violencia, siendo cada uno de ellos causante y víctima.

Agredido por sus hermanos, José ha comenzado contando lo que se habla de ellos y con aires de superioridad les cuenta sus sueños. En esta historia cada uno hace violencia a otro con razones subjetivas para hacerlo, y así mismo, cada uno sufre la violencia de otro. A falta de palabras justas, lo que domina es la incomprensión, y el querer cada cual salir de su propio sufrimiento, sin ver que es esto precisamente lo que hace mal a los otros.

Nos encontramos en esta narración varias escenas y una crisis en proceso que no se soluciona de golpe. Algunos llaman a este relato una "narración con meandros de la tensión narrativa". Y ciertamente todo proceso de restauración conlleva avances y retrocesos, nunca es un camino lineal.

José va aprendiendo lo que es "ser peregrino por la justicia", que no significa recibir un premio a cambio de buenas acciones, sino entrar en el misterio del sufrimiento. Va aceptando la economía divina, no recrimina nada a Dios, permanece sencillamente en lo incomprensible de los hechos. Cuando toca estar en el pozo abandonado, allí está. Cuando es acusado falsamente, y va a parar a la cárcel donde están los presos del rey, allí permanece (cf. Gén 39, 20).

El sentido de toda esta trama, tejida de astucia y violencia, lo expresa el autor en una breve frase que me impresiona:

"[Dios] Asistió a José, y lo cubrió con su misericordia, haciendo que se ganara el favor del alcaide" (Gén 39, 21).

Así actúa Dios, atraviesa -con la luz de su misericordia- las tinieblas de la injusticia y la trasforma en don para los demás.

En el texto hebreo esta misericordia, con la que cubrió el Señor a José en la cárcel, es el *hésed* de Dios חֶסֶד, es decir su *bondad o favor*, aludiendo a una relación de alianza cuyas promesas Dios las va a cumplir[25].

Y el *cubrir*, en hebreo מַ tiene el sentido de *desplegar* sobre alguien un don o regalo que pone en movimiento a quien lo recibe[26]. Me recuerda la tienda que desplegaba Israel en su travesía por el desierto y que era lugar de encuentro con el Señor.

Ahora en la cárcel, el Señor no abandona a José, despliega sobre él su don repleto de bondad, de manera que José actúa en la cárcel guiado por esta bondad de Dios y se gana el favor del alcaide. El *hésed* de Dios dice el orante que se levanta sobre sus fieles (cf. Sal 103, 11), con el sentido de que crece porque vence y va más allá[27].

---

25 Cf. E. JENNI-C. WESTERMANN (eds.), *Diccionario Teológico Manual del Antiguo Testamento*, Vol. I, Ediciones Cristiandad, Madrid 1978, 832ss.

26 Cf. E. JENNI-C. WESTERMANN (eds.), o. c., Vol. II, Ediciones Cristiandad, Madrid 1985, 159ss.

27 Cf. A. APARICIO RODRÍGUEZ, *Comentario filológico a los Salmos y al Cantar de los Cantares*, Biblioteca de Autores Cristianos, Madrid 2012, 575.

Realmente es impresionante la asistencia de Dios a José en la cárcel, que llega a convertirse en un seno materno, donde se está gestando una vida nueva para José y un corazón nuevo para él.

Todo está en manos de Dios: nosotros, nuestras palabras y nuestra vida entera. Y José va viviendo esta experiencia de prueba en prueba, hasta llegar a recibir como don de la providencia *la fraternidad*.

DESILUSIÓN DE LA AMISTAD

Si la honestidad, a José le ha acarreado mal por bien, cuando rechaza a la mujer de Putifar, ahora en la cárcel, la amistad puede ser un don apreciable. De hecho, traba amistad con el copero del rey y el panadero.

Cuando José interpreta el sueño del copero, y le dice que se acuerde de él cuando le vaya bien, el relato dice respecto a ello:

"Pero el copero no se volvió a acordar de José, sino que se olvidó de él" (Gén 40, 23).

La desilusión de la amistad, el no encontrar apoyo en nadie, le enseña a José que existen valores superiores en la vida al apoyo meramente humano, que tiene que poner su confianza en Otro, el único fiel es Dios. Los afectos humanos son importantes, pero deben ser acrisolados. Las desilusiones de los apoyos humanos nos ayudan a poner la confianza en Dios solamente.

Jesús también es abandonado de todos y se encomienda a las manos de Dios. José y Jesús asumen esta pedagogía de la desilusión de la amistad y ninguno de los dos quedó confundido.

Estos son los pasos de todo peregrino que camina buscando a sus hermanos, con la misión de llevar una palabra al Padre, que espera noticias de paz.

Si queremos ser peregrinos por la justicia, no podemos llenarnos de rabia contra los que actúan injustamente. Si queremos luchar en la vida de forma evangélica, es preciso que participemos de las pruebas de José y de Jesús apaciguados, humildes, de forma que entendamos cuál es la justicia de Dios, siempre salvadora y llena de paz.

El peregrino José está en la cárcel, despojado de todos los signos y atuendos del poder, queda pronto relegado al olvido.

¿Qué significa este retroceso en su andadura? ¿Qué sentido tiene su estar en la cárcel?

SIGNIFICADO DE LA CÁRCEL

La prisión es un símbolo de la vida humana. La cárcel es un microcosmos que pone al desnudo todas las posibilidades del bien, y todas las del mal, en las personas que pasan por ella.

Es un momento fuerte de la peregrinación de José, de su camino de crisol.

José desde la cárcel podría haber alimentado sueños de venganza de sus hermanos, deseos de devolver el daño recibido de Putifar y su mujer, tomando la justicia por su mano, también podría haber escrito cartas al faraón declarándose inocente…

Pero no actuó así, José puso su confianza en el Señor.

Dice el relato que:

"el Señor estaba con José" (Gén 39, 21).

Y es algo que se repite varias veces en el relato. El Señor estaba presente en su desgracia y él estaba con el Señor. Este estar mutuo sostiene la peregrinación y la historia de José. Yo diría que es el secreto de su transformación.

Si Dios estaba con él, y le cubrió con su misericordia, sin duda José ora en la cárcel como buen hebreo, aunque el relato no lo diga explícitamente, por ello su cariño a su familia no se extinguió. En la prisión se alimentaba de la cercanía de Dios, no de sus pocas fuerzas. Incluso el jefe de la prisión confió a José el cuidado de los presos y la dirección de todo lo que allí se hacía. El narrador dice:

"El jefe de la prisión no se preocupaba de nada de lo encomendado a José, porque el Señor estaba con él y hacía prosperar cuanto empren-día" (Gén 39, 23).

Su estancia en la cárcel es un prosperar dejando hacer a Dios, que despliega su fuerza en la debilidad y la impotencia. ¡Ojalá aprendamos de José lecciones de vida!

José vive la cárcel saliendo de sí, y entregándose a los demás, gracias a la encomienda del jefe de la prisión. Interpretaba los sueños de los compañeros, y de este modo se ejercitaba en interpretar la vida, no viviendo en la superficialidad del lamento.

No había tenido mucho tiempo para meditar en los días de prosperidad con Putifar. Ahora en su segunda fosa, -la cárcel-, podía hacerlo, dando espacio al Señor que iba llenando de luz y sentido su camino. Comenzó a imitar a Dios que saca bien incluso del mal, y se convirtió en boca de Dios para todos con sus palabras, tal como expresó más tarde el Señor al profeta Jeremías:

"Si sacas lo bello de lo vil serás como mi boca" (Jer 15, 19).

En la vida hay muchas situaciones que limitan nuestra libertad, por eso podríamos usar la cárcel como símbolo de ellas: la enfermedad, por ejemplo. A la luz de José, sería bueno ver si todo lo que limita nuestra libertad lo vivimos como parte de nuestra peregrinar, reconociendo al Señor, que está con nosotros en las pruebas, o sólo nos produce amargura y descontento.

Todas las pruebas son cinceles que van modelando a José, hasta que se convierte en un instrumento de reconciliación, desplegando una misión crucial en la crisis de su familia: ser el lazo de unión de todos.

La historia de José nos muestra la misión a la que todo creyente es llamado: ser buscador de sus hermanos, para preparar un odre donde recibir el don de la fraternidad.

Veremos cómo la historia de José y su familia no está lejos de nuestros días, ni de todos nosotros.

CAPÍTULO VII

CAPÍTULO VII

JOSÉ, EL SOÑADOR, INSTRUMENTO DE RECONCILIACIÓN

Tras la segunda prueba, la de la cárcel, José está preparado para su misión, que en un principio falló: *"¡Estoy buscando a mis hermanos!"* (Gén 37, 16).

Habían pasado aproximadamente quince años, porque tenía 17 años José cuando fue a buscar a sus hermanos a Siquém, y tenía 30 años cuando se presentó ante el faraón de Egipto (cf. Gén 41, 46), además llevaban dos años de hambruna cuando los hijos de Jacob fueron a Egipto.

Hay todo un camino de preparación hasta llegar a ser instrumento de reconciliación. Todo lo pasado es para esta meta. Hay mucho que reconciliar en la familia de Jacob. Han pasado muchos años y las posiciones se han endurecido. Las personas se han vuelto escépticas y están replegadas sobre sí mismas.

La lección primera es que hace falta tiempo para reconciliarse, y en nuestros días nadie tiene tiempo para nada, tal es la vertiginosa actividad que desplegamos a diario que no queda lugar para estos asuntos tan trascendentes. Nos hemos acostumbrado a la urgencia de la inmediatez y los procesos han sido relegados a segundo plano.

El libro del Génesis describe muy bien el camino de acrisolar como algo lento, que se hace por etapas, no a golpe de una rápida fórmula casi mágica. De esta enseñanza bíblica podemos señalar tres ideas claves: Dios hace olvidar, el inicio lento de la reconciliación y la necesidad de una fuerte decisión.

CAMINAR EN EL CRISOL

Dios hace olvidar y fructificar

Previo a los años de hambre, momento de *kairós* para iniciar la reconciliación, el libro del Génesis expresa algo que puede ser leído deprisa, y sin darle importancia, pero que es esencial: lo que ocurre antes de la hambruna (cf. Gén 41, 50-52).

Durante este tiempo le nacen a José dos hijos de su esposa Asnat: Manasés y Efraím, que hacen presente lo que hay en el corazón de José y su experiencia vital.

Manasés significa:

"Dios me ha hecho olvidar todo mi trabajo y la casa de mi padre" (Gén 41, 51).

José en su peregrinación se abandona en las manos de Dios, y la obra artesanal del Señor es hacerle olvidar su trabajo en su tierra y la casa paterna. No es este un error de Dios. Con este olvido, José no alimenta la venganza y deja espacio a Dios para conducir la historia.

Este primogénito de José evoca al orante que dice:

"Escucha hija, mira, inclina el oído, olvida tu pueblo y la casa paterna, prendado está el rey de tu belleza, póstrate ante Él, que Él es tu Señor" (Sal 45 (44), 11-12).

El olvido de la casa paterna es una adoración a Dios, no es un menosprecio a las raíces, sino un postrarse ante el que está lleno de la gracia hasta rebosar, por eso se derrama en sus labios y en sus palabras, y así reconoce el hombre que Dios es quien conduce la historia y es Señor de todo.

Este "olvido sanador" se puede dar cuando José tiene la experiencia de que Dios está prendado de su belleza, de su ser, de su vida, y esto se lo muestra en este continuo "estar con él" en el pozo, en la cárcel, en el palacio…tal como nos lo narra el autor.

Efraím, el segundo hijo de José, significa:

"Dios me ha hecho fructificar en el país de mi aflicción" (Gén 41, 52).

A través de estos años de trabajo laborioso de Dios en el corazón de José, la aflicción-, en que habitaba por la lejanía del padre y los hermanos-, se ha convertido en una tierra arada y surcada, propicia para acoger la semilla del amor incondicional, y dar frutos de reconciliación y perdón.

En esta tierra de aflicción se oye la voz del faraón, cuando trascurren los siete años de hambre, que dice a los hambrientos egipcios:

"Id a José. Haced lo que él os diga" (Gén 41, 55).

Y José sació el hambre del pueblo de Egipto, porque sólo socorre a los hambrientos quien antes ha conocido la aflicción y la sed de justicia en su propia carne. Y esto no por arte de una varita mágica, sino por haber caminado la senda del hambre y la mendicidad de respeto, de justicia, de comprensión, en definitiva, de "hospitalidad existencial".

José conocía el hambre no sólo de pan, sino un hambre más existencial de respeto y dignidad. Desde ahí socorrió con grano a "toda la tierra" (cf. Gén 41, 57), porque la propia hambre ensancha el corazón para hacer suya el hambre de todos.

El inicio de la reconciliación

El relato bíblico nos muestra que el inicio del proceso de reconciliación es lento, José reconoce a sus hermanos al verlos en Egipto pidiéndole grano, pero ellos no le reconocen. Entonces se inicia todo un proceso de idas y venidas para deshacer tantos nudos de iniquidad en los lazos familiares.

La reconciliación no es inmediata, casi nada en la vida es instantáneo. Antes José los acusa de ser espías, y los deja en la cárcel, hasta que venga el hermano menor, Benjamín, que quedó con el padre. Esta es la condición para proseguir el plan de reconciliación. De nuevo la cárcel aparece con su capacidad de gestar un hombre nuevo en los hermanos.

Es como si José quisiera dar tiempo para reconstruir unos lazos de afecto tantos años carcomidos por la mentira. Se necesita un camino para restablecer la confianza. En realidad, reconciliar significa reconstruir de nuevo un puente destruido, y para ello se requiere *tiempo e inteligencia*. José va a utilizar estos dos elementos.

Estamos llamados a utilizar nuestro tiempo y nuestra inteligencia para reconstruir lo destruido. Esta fue la misión de Jesús, reconciliar al mundo con Dios y entre los hombres. Esta es ahora la misión de la Iglesia: caminar hacia una humanidad reconciliada y transfigurada, hacia donde avanza dolorosamente la historia, pero con la belleza de ser historia del Espíritu de Dios siempre activo, que ilumina todas las opacidades de los seres humanos.

No olvidemos que es difícil iniciar un proceso de reconciliación, mucho más cuando uno ha sido objeto de injusticias y se encuentra implicado de lleno en los acontecimientos. José no nos lanza grandes discursos, es una persona silenciosa, sin embargo, nos muestra el lugar de su historia donde hubo sitio para reconstruir la comunión familiar, en el momento que cada cual fue acogido sin ser condenado, ni aplastado por reproches.

José, en su despliegue de pasos para tender puentes, ofrece un banquete a sus hermanos, que se convierte en *la mesa de la fraternidad transfigurada*.

Al ver a Benjamín se llena de emoción, se retiró a su habitación y lloró. Es uno de los momentos más bellos del relato de José. Los sufrimientos en país extraño, lejos de endurecerle el corazón, le han proporcionado un corazón de carne. Esta escena nos introduce en el misterio del amor, de la comunión, de los vínculos familiares, y por tanto en el misterio de Dios, que es comunión. Poco a poco el rostro de Dios va a ir desvelándose a través de los rostros de los hermanos.

Merece la pena sentarse a esta mesa y contemplar a todos los invitados.

Tras llorar, el soñador logra reponerse y encuentra la *libertad interior* para proseguir su plan (cf. Gén 49, 29-31).

José abre la puerta de la reconciliación porque fue atravesado por la pobreza, la soledad y la humillación. Fue semejante a Cristo en el rechazo de sus hermanos, en los sufrimientos en la cárcel, y desencantado de todo deseo de gloria, llegó a ser capaz de trabajar por la justicia de Dios.

La *libertad interior* es la única que nos permite elegir lo que es mejor para la gloria de Dios, y para la reconciliación, sin mirarnos a nosotros mismos. Es uno de los hilos de oro necesario para tejer tiendas donde reunirnos como hermanos. Esta libertad posibilita imitar a Jesús en soportar las injurias, los desprecios, y toda clase de miseria humana, sin pasar fractura. Dios se revela en el desvalimiento y humillación hasta la Cruz de Jesús. De este modo la ignominia y el dolor se convierten en un bien que reconcilia.

No olvidemos que en la cárcel el amor bondadoso de Dios cubrió a José, se desplegó sobre él, induciéndole a una situación favorable: encontró favor a los ojos del alcaide.

Somos curados por seguir el estilo de vida de Jesús, los desprecios son un bien para nosotros. La humildad restablece y nos reconcilia. La ambición y el poder son raíz de toda forma de injusticia, tal como nos perfila el relato de José y sus hermanos.

Buscar la justicia significa, sobre todo, descubrir en nosotros mismos las raíces de la injusticia, y comprometernos en el desapego de las cosas y las glorias, para estar en el último lugar con Jesús y descubrir allí nuestra alegría.

Buscar la justicia no es tanto hablar de la justicia, y de la reconciliación, sino que es poner en primer lugar nuestra vida en discusión, en confrontación con la justicia salvadora de Dios, porque esto es llegar a la raíz de los males que aquejan a nuestro mundo.

Para este confrontar nuestro camino y buscar la justicia se necesita una fuerte decisión.

Una fuerte decisión

Es necesario tener una determinación fuerte de seguir a Cristo humillado, y renunciar a todas las raíces del mal en nosotros, de tal manera que dejemos a Dios transformar nuestro vivir.

La siembra de la buena semilla son las *decisiones interiores fuertes,* los deseos ardientes de vivir con y como Jesús. El Reino de Dios arranca de una pequeña raíz, una siembra insignificante, una pequeña decisión con la fuerza de un gran deseo de ser luz y sal en medio de fraternidades apagadas y desabridas.

Estas decisiones tienen que ser tomadas con gozo, de buena gana, llenas de esperanza, decisiones repletas de abandono en Dios, que tiene poder de sostener, ayudar, fortalecer.

José tomó una *fuerte decisión* de acercarse a sus hermanos y ayudarles en la hambruna. Dejó que este insignificante paso desencadenara todo un proceso transfigurador de la familia. Dio muerte en él a los deseos de venganza, y dejó fructificar el bien, en favor de su padre anciano y sus hermanos.

Si somos capaces de mirar la realidad, más allá de la hojarasca de la historia, en su raíz y en su horizonte, se despierta en nosotros el deseo de cosas grandes, el anhelo de ir tras lo más noble.

Intuyo que esto es lo que vivió José, tuvo ojos para ver más allá y propició las condiciones para el encuentro reconciliador.

CONDICIONES PARA LA RECONCILIACIÓN

En el tiempo en que José vive entre sus hermanos, los motivos de división eran diversos:

- *La distancia cronológica*: los hermanos de José son de más edad, José es el más joven, porque Benjamín aún es pequeño y no participa del conflicto.
- *El rechazo al padre*: la envidia hacia José oculta la animadversión al padre, no aceptan su predilección por José.
- *El proyecto privilegiado*: en los sueños se revela un proyecto de futuro privilegiado para José. Los hermanos hacen su justicia eliminándole, pero la justicia según Dios hubiera sido hacer sitio a todos en el espacio familiar.

Esta historia, tan humana y tan real, nos enseña las condiciones de toda reconciliación:
- *Estar por encima del conflicto*, no ponerse ni de una parte ni de otra, dominarse emocionalmente, como José, que después de llorar, se lavó la cara, volvió y dominándose ordenó que sirvieran la comida (cf. Gén 43, 31). José estaba implicado en el conflicto, pero aprendió a "objetivar la situación", a contenerse para llevar a término el proceso del que esperaba la reconstrucción familiar.
- *Tomar conciencia de la unidad familiar.* Los hermanos en Egipto, al ser considerados espías por José, dicen en el apuro: *"Tus siervos no son espías…Nosotros, tus siervos, éramos doce hermanos, todos hijos de un mismo padre"* (Gén 42, 10. 13). No dicen somos once, cuentan con el que han eliminado y olvidado. José entra en el cómputo de los vivos.
- *Aceptar el amor preferencial del padre por José y Benjamín.* Rubén y Judá se hacen responsables de devolver a Benjamín y lo custodian. En esta custodia de Benjamín, para no llevar a la tumba a Jacob -su padre-, reconoce José que los hermanos ya han superado los celos, que los llevaron a venderlo. En esta crisis familiar no es suficiente decir: "os perdono". Es preciso reconstruir los afectos, que se habían deteriorado por la culpa, mediante un paciente y sabio trabajo que José va a desplegar con habilidad.

- *La confesión ante los hombres.* Ante la prueba que exige José: un hermano quedará retenido en prisión, mientras los demás vuelven a Jacob con el trigo, se decían unos a otros: *"A fe que somos culpables contra nuestro hermano, cuya angustia veíamos cuando nos pedía que tuviésemos compasión y no le hicimos caso. Por eso nos hallamos en esta angustia"* (Gén 42, 21). La confesión sirve si lleva al arrepentimiento, a la vuelta a Dios, y al cambio de conducta, sino es un rito vacío más.

- *Recuperar la memoria de Dios.* En todo el episodio nadie se ha acordado de Dios, hasta que, de vuelta a Canaán, tras el primer encuentro con José, con las talegas llenas de trigo y su dinero allí depositado, entonces exclaman: *"¿Qué es esto que Dios ha hecho con nosotros?"* (Gén 42, 28). Ahora recuerdan a Dios y el daño que han hecho ante su mirada a José. Desde aquí pueden caminar al arrepentimiento, partiendo de la memoria de Dios que interviene en la historia que están viviendo.

- *La intercesión.* Etimológicamente "intercesión" significa "caminar por medio", es decir, situarse entre las dos partes del conflicto. Hay una imagen bellísima en el libro de Job, que nos puede ilustrar, cuando mantiene ese largo diálogo con sus amigos, y ante lo injusto de su sufrimiento dice: *"Si al menos hubiera un mediador entre nosotros que pusiera su mano sobre ambos"* (Job 9, 33). La intercesión es gestual y afectiva, un puente de carne construido con las manos de un mediador. Este "estar en medio" del mediador (*go' el*), que recorre la Biblia, es la posición de Jesús, nuestro intercesor verdadero. Extendió sus manos en la Cruz para ponerlas sobre el hombro de Dios y el de los hombres.

Hay aún una razón básica que produce la división en la familia de José, y que no hemos nombrado: *la madre.* En el relato no aparece la figura de la madre, Raquel, que había muerto y que tiene su relevancia.

La ausencia de la figura materna tal vez sea una de las razones por las que se produce una división en el seno familiar, aquella mujer que no juzga, que acoge y comprende, que es portadora de ternura y así reconcilia. Esta presencia materna faltó en la familia de José[28].

Cada historia es un misterio a descubrir. Los escritores de hoy y de ayer somos ojos que miran y sueñan. Con un ojo miramos, con otro soñamos. Miramos con los ojos, y soñamos al mismo tiempo, porque escuchamos la realidad y vemos más allá de la cáscara. Dando palabra a todo lo que el ser humano vive, siente, sueña, sufre, así creamos armonía y belleza.

Esto también hicieron los autores sagrados de la Biblia. Con sus relatos nos ayudan a comprender el misterio de la vida, para que hoy no perdamos la capacidad de maravillarnos de estar vivos y hacer historia.

José, el hijo predilecto de Jacob, también soñó y aprendió a escuchar la realidad que le rodeaba. Dejémonos instruir por su sabiduría.

---

28 En la Iglesia primitiva este es el papel de María. Muchas realidades del mundo y de la Iglesia serían más fácilmente reconciliables, si dejáramos el lugar principal a María en los conflictos.

CAPÍTULO VIII

LA SABIDURÍA DE DIOS
EN UN JOVEN SOÑADOR

En las páginas del Génesis que nos hablan de José hay mucho espacio donde él interpreta los sueños y muestra una gran sabiduría. Hay un mensaje alentador en todos ellos: Dios puede transformar un muchacho sencillo en un sabio, si obedece a su plan y se pone con confianza en sus manos.

El peregrino José, que sale en busca de sus hermanos, dejándose conducir por el Señor, y pasando por pruebas diversas, conquista una sabiduría tan amplia que le lleva a ser un hombre importante en Egipto, sin corromperse.

En pocas palabras podemos decir que la sabiduría bíblica, o el sabio en la Biblia, es un humanista consciente de sus raíces, sabe organizar su familia, su propia vida, sabiendo que todo le viene de Dios y de Él lo recibe.

Por eso, José le dirá al copero y al panadero del rey, cuando están en la cárcel:

"Es Dios quien interpreta los sueños, contádmelos" (Gén 40, 8).

Se sabe partícipe de la sabiduría divina con naturalidad.

Primero, cuando está en su casa con sus hermanos, sólo cuenta sus sueños, pero no los interpreta. Después, a través de la experiencia de sus errores, y el sufrimiento de las pruebas, llega a conocer en los sueños la instrucción de Dios, como dice el orante:

"Hasta de noche me instruye internamente" (Sal 15, 7),

y ayuda a otros a conocer el sentido de lo soñado.

145

Así, cuando el faraón le dice a José:

"He tenido un sueño y nadie ha podido interpretarlo. Pero he oído decir que, si oyes un sueño, eres capaz de interpretarlo. José le responde: No soy yo, sino Dios, quien dará al faraón una respuesta favorable" (Gén 41, 15-16)[29].

En este capítulo cuarenta y uno del Génesis las referencias a Dios son continuas. Es como si el faraón necesitara reconocer la acción de Dios en su vida, y José se lo mostrara, a pesar de estar en la cárcel, entre los últimos e impotente.

Tras ello, José sale del fondo de la cárcel para ser constituido virrey del faraón de Egipto. Pero esto no le ensoberbece, porque ahora sabe por experiencia que es Dios quien conduce su historia.

De este modo, puede decir a sus hermanos, temerosos de ser castigados por su culpa, el sentido de lo ocurrido:

"No temáis, ¿soy yo acaso Dios? Vosotros intentasteis hacerme mal, pero Dios intentaba hacer bien, para dar vida a un pueblo numeroso" (Gén 50, 19-20),

y consoló a sus hermanos hablándoles al corazón.

Más adelante en la historia, al final del destierro en Babilonia, esta sería la misión dada por Dios a los profetas:

"Consolad, consolad a mi pueblo, -dice nuestro Dios-, y hablad al corazón de Jerusalén" (Is 40, 1-2).

Y en la plenitud de los tiempos, Jesús, durante la Última Cena, prometió enviar el Paráclito, el Consolador.

---

29 La Biblia de Jerusalén traduce: "No hablemos de mí, que Dios responda en buena hora al faraón". José es sólo canal de Dios para los que se acercan con sus enigmáticos sueños, no se adueña de la sabiduría de Dios.

Ciertamente, se aprecia en el relato que José actúa al modo de Jesús, anticipando su vida. Y el camino que sigue para ello es el de la simplicidad.

LA RUTA DE LA SIMPLICIDAD

Me impresiona cómo siempre la humildad acompaña al sabio, y le hace un ser simple, sin doblez. Merece la pena profundizar en el camino de la simplicidad, nos ayudará a vivir sabiamente nuestro presente.

El verdadero amor reside en la simplicidad. Y si el amor es la meta de la vida, la simplicidad es la ruta.

Simplicidad deriva del latín *simplex*, que a su vez procede de *semel*, "una sola vez" y del verbo *plico*, "plegar". Así pues, es simple lo que se pliega una sola vez. Pero la verdad es que somos seres complicados, estamos necesitados de deshacer todos los pliegues y repliegues, hasta llegar al pliegue único de la simplicidad, liberados del peso de lo no esencial[30].

Para ello se necesita recorrer un camino de libertad interior, más allá de las fronteras de las divisiones que amargan la existencia. José, el hijo de Jacob, lo recorrió, y siempre de la mano de Dios, aun cuando lo que se le presentaba en los acontecimientos torcía sus planes.

Creemos equivocadamente que la simplicidad se opone a la dificultad, pero es en el corazón de nuestras dificultades donde se forja y florece el alma simple.

Cierto que, en el entramado de mensajes y datos, que nos abruman en nuestro día a día, no hay nada que parezca más difícil que recorrer el camino de la simplicidad. Atentos a todo tipo de notificaciones que emiten nuestros dispositivos informáticos, nos hemos vuelto sordos al murmullo de nuestra alma. Hemos ganado en velocidad y autonomía, pero el secreto de

---

30 Cf. M. MAZZOCCO, *Elogio de la simplicidad*, Editorial PPC, Madrid 2023, 13s.

la interioridad, -de donde brota la simplicidad-, se nos sigue escapando.

Este camino no ha sido fácil en ningún tiempo, ni en los días de José ni en los nuestros. Tampoco lo tuvo fácil Etty Hillesum, que en la víspera de su deportación a Auschwitz escribió: "Lo esencial es vivir a la escucha de tu propio ritmo y tratar de vivir respetándolo. Estar a la escucha de lo que sale de ti"[31].

En la era de la instantaneidad, ponerse a la escucha de uno mismo y de lo que acontece parece casi imposible. No nos percatamos de las huellas luminosas que Dios deja a cada instante en nuestro camino.

Por eso la aventura de la simplicidad consiste en emprender un viaje a un territorio olvidado, el de nuestro corazón. Sólo después de haber escalado los peñascos interiores, el horizonte se despeja, y percibimos el aire de la libertad, ese "estar de Dios con José" que tanto nos repite el relato de su historia.

Cada dificultad en el camino propició a José este conocer a Dios no de oídas, sino por la experiencia de su compañía, y también por el sacar el Señor el bien de los males que se le presentaban en el camino. José estuvo atento a las huellas de Dios, no se adormeció en el sufrimiento ni en la prosperidad, veló la visita de Dios y lo fue descubriendo paso a paso.

SIMPLIFICAR LA MIRADA

Tanto ayer como hoy, el verdadero desafío consiste en conseguir deshacer los nudos de iniquidad de nuestro interior, para liberar nuestra identidad escondida.

Si caminamos alterados por reflexiones desalentadoras, viendo sólo obstáculos y dificultades, terminarán por destruirse nuestros sueños, abandonaremos los grandes ideales que nos movían y el perfume de la frustración llenará toda la casa.

---

31 Cf. E. HILLESUM, "Diario, viernes 12 de diciembre de 1941", en: *Diario de Etty Hillesum. Una vida conmocionada*, Editorial Anthropos, Barcelona 2007, 71.

Para avanzar en la senda de la vida, como José avanzó, hay que tener una *mirada unificada*, lo que algunos llaman tener un *"ojo simple"*. Esta expresión viene del Evangelio:

"La lámpara del cuerpo es el ojo. Si tu ojo es simple tu cuerpo entero tendrá luz; pero si tu ojo está enfermo, tu cuerpo entero estará a oscuras" (Mt 6, 22-23; Lc 11, 34).

El texto griego dice "oftalmos haplous", literalmente *"ojo simple"*, y aunque las versiones más recientes dicen "ojo sano", la Vulgata tradujo "oculus simplex"[32]. Esta expresión pone el acento no en la salud del ojo, sino en la orientación de la mirada y del objeto que se percibe.

Una persona de mirada simple es un individuo con el alma indivisible. No pone el ojo izquierdo en un objetivo, y el derecho en un proyecto diferente, sino que lo que percibe con el ojo de la razón y con el ojo del corazón están unificados, porque los dos convergen hacia un solo punto como meta. En el caso de José la meta era la fraternidad, sus hermanos a los que buscó con perseverancia y tesón. Fueron muchos los obstáculos, pero se dejó transformar y unificar.

La simplicidad transforma el ser de la persona, orientándola hacia un único objetivo concreto. Por eso la simplicidad concierne a nuestra intención, a la dirección que tomamos. Es simple quien cambia su trepidante agitación por serenidad, y lejos de dejarse perturbar por las adversidades, una persona simple sabe convertir cada dificultad en una ocasión de crecimiento personal.

José, el hijo de Raquel y Jacob, supo dejarse esculpir por las adversidades. Estas no destruyeron por el camino sus aspiraciones, y pudo ver hecho realidad su sueño: "Encontrar a sus hermanos".

Ciertamente, el ojo de nuestra intención debe ser simple, solamente "mirando para lo que soy criado", decía San Ignacio de

---

32 Cf. M. Mazzocco, o. c. 28.

Loyola[33]. La simplicidad abre la mirada interior hacia la meta a donde dirigir el camino, ayudando en la elección de los pasos a dar, y propiciando el discernimiento o reconocimiento de los rasgos divinos que se esconden en la penumbra, como José en la oscura cárcel percibió la luz de Dios y su sabiduría. Escrutó las señales de Dios en los sueños, con las cuales Él mismo guía y sugiere el camino a seguir.

La simplicidad es fuente de la que brotan las demás virtudes, pero por sí sola no llegaría muy lejos, necesita que la oriente y la guíe su hermana mayor la *sabiduría*. Ésta, alimentada por la inteligencia y por la fe, nos ayuda no sólo a tomar buenas decisiones, y a hacer el bien, sino también a orientarnos y defendernos en los senderos tortuosos de la vida, de los que José supo mucho.

Día tras día José fue dejándose simplificar y esto propició no olvidar la alianza de Dios con su pueblo. El eco de este no olvidar a Dios resuena en los nombres de sus hijos: Manasés, que significa "Dios me ha hecho olvidar todo mi trabajo y la casa de mi padre", centrándose así en el suelo que pisaba de Egipto para servir, pero sin olvidar su origen, el pueblo de la Alianza; y el segundo hijo, Efraín, que significa "Dios me ha hecho fructificar en el país de mi aflicción".

José no vive en la añoranza, recorre todo Egipto al ser investido de autoridad por el faraón (cf. Gén 41, 46), y hace acopio de los víveres de los siete años de hartura, almacenando el grano, con el que luego saciará a todos los pueblos hambrientos en los otros siete años de escasez.

CONDICIÓN PARA LA ALIANZA

La simplicidad es una virtud activa, nos pone en movimiento hacia un único horizonte y es capaz de ayudarnos en toda clase de dificultades.

---

33 Cf. Ignacio de Loyola, *Ejercicios Espirituales 169*, Editorial Sal Terrae, Santander 2014.

En la lengua hebrea es *tamím,* que significa íntegro, indiviso, entero, acabado, simple, y que la LXX -traducción griega de la Biblia hebrea- tradujo con el vocablo *haplous* (simple).

En el Antiguo Testamento ser una persona justa (sédeq) e íntegra (tamím) era la condición para la Alianza con Dios. Por tanto, la simplicidad en la Biblia es un elemento que moldea la vida entera, hasta desplegar en las personas el vínculo con Dios, su alianza.

En la base de toda alianza en las culturas antiguas estaba la libertad, por la que un corazón simple lucha siempre, deshaciendo los nudos de iniquidad que la impiden[34].

Del relato de José se desprende que su corazón era así, luchó por la libertad de la familia, por desatar los nudos de iniquidad, que estrangulaban las relaciones familiares y no quedó confundido.

José supo salir de sí mismo, que es el primer movimiento hacia la simplicidad. Descentrado de su ego, se comenzó a gestar en su interior una transformación, hasta aprender el arte de acabar con las divisiones, y recomponer las rupturas, sin que por ello suprimiera sus propias aspiraciones.

Cuando acalló el silbido que generaban las muchas incertidumbres, su geografía interior se redibujó, y el centro de gravedad se desplazó hacia ese Otro, cuyo nombre es el Señor, y que a todos nos interpela por el camino. Así apareció sólo un único anhelo en su corazón: "Querer lo que el Dios de la alianza y de los padres quiera".

---

34 Cf. Gregorio Magno, *Homilias sobre los Evangelios, Homilía 30,* Colección NE-BLI 13, Ediciones RIALP, Madrid 2000. Gregorio Magno une la simplicidad a la rectitud, y dice: "Pero ¿qué es la rectitud sin la simplicidad y la simplicidad sin la rectitud? Como el Espíritu Santo enseña rectitud y simplicidad, se apareció a la vez bajo la forma de paloma y de fuego, para que todos los corazones -tocados por su gracia- sean apaciguados por la dulzura de su bondad e inflamados por su celo ardiente, por la justicia". Simplicidad, rectitud y justicia se entrelazan en un camino de liberación, que quiere reconciliarnos con nosotros mismos y con los demás.

EL SILENCIO DE JOSÉ

En todo el relato de José llama la atención sus pocas palabras. Sólo al comienzo de la narración aparece contando sus sueños a sus hermanos y padre (cf. Gén 37, 2-11), y obedeciendo a los deseos de su padre Jacob de ir a buscar a sus hermanos, cuando dice:

"Estoy listo" (Gén 37, 13),

así como cuando manifiesta:

"Estoy buscando a mis hermanos" (Gén 37, 16).

Después es grande el silencio de José, roto únicamente por el rechazo a la mujer de Putifar (cf. Gén 39, 9), y con las interpretaciones de los sueños del copero y el panadero del rey en su estancia en la cárcel (cf. Gén 40).

Las conversaciones con sus hermanos en el reencuentro, van precedidas de un largo tiempo de silencio en el texto. Como si el narrador estuviera interesado en apagar la luz de las palabras de José, para encender la vela del silencio que danza en el fondo del alma del hijo de Jacob y Raquel.

Toda la narración nos grita que Dios no nos ha hecho para que seamos *sus pájaros*, siempre piando, sino que quiere que seamos *sus amigos*, que entremos en una relación de amistad hecha de silencios, escucha y diálogo con Él. Es preferible guardar silencio y ser auténticos, que hablar y no serlo.

La historia de José nos enseña que la vida es una sonata compuesta por diversas tonalidades de silencio: las cosas que no decimos y que se apilan año tras año en nuestro corazón; el silencio ensordecedor de los pensamientos agitados; el silencio apagado que habla de días monótonos y solitarios; el silencio fijo en el sufrimiento; e incluso el silencio misterioso de la belleza y el amor; el silencio luminoso de la paz, o el silencio que vibra anticipando la realización de un sueño acariciado desde hace tiempo.

Todos estos silencios pasaron por la vida de José y la fueron esculpiendo. Por eso podemos decir que el silencio no es evasión y bloqueo en la vida de José, sino encuentro de él mismo en las manos de Dios.

El silencio de José es un águila de poderosas alas, que sobrevuela el bullicio de la tierra, de los hombres y del viento. El silencio susurra un mensaje que viene de otro lugar, de la sabiduría de Dios[35]. Y José supo acogerlo y asumirlo.

No permaneció fijo en un pasado que le paralizaba, ni se proyectó con impaciencia hacia un futuro que no podía controlar, siempre lleno de cosas inesperadas.

La clave de José fue detener una carrera de huida, que no lleva a ningún sitio, y buscar la simplicidad de un corazón que entra en el presente adverso, sabiendo esperar el alba de un mundo nuevo.

El ojo simple no mira más que el momento presente; no mira ni el pasado con nostalgia, ni el futuro con miedo, por eso avanza con simplicidad de visión, de amor y de acción.

José aprendió a estar donde estaba. El presente se convirtió en una incubadora donde fue reconstruido su ser a todos los niveles. Hizo surgir la belleza natural del hoy que respiramos, sin necesidad de maquillarlo.

Cuando el "mundo protegido" de la casa de José estalló, miles de caminos se abrieron potencialmente ante él. La adversidad le descubrió nuevos horizontes, tras ser obligado a abandonar su zona de confort.

Recorriendo silenciosamente las líneas de fractura de su crisis familiar, José escribió una historia nueva. Es mucho lo que José nos puede enseñar con su silencio. Porque a menudo en vez de aprovechar las fisuras de nuestro corazón, desveladas por una crisis, para reinventar lo cotidiano, nos limitamos a zurcir los desga-

---

35 Cf. M. DELBRÊL, *La santidad de la gente sencilla*, Editorial Monte Carmelo, Burgos 2012, 173.

rros del tejido de nuestra existencia, o a sellar los agujeros que se han formado en nuestro corazón.

José aceptó el presente con su desgarro, por eso dejó de ser víctima inerte frente a la crisis, para convertir la fisura en un punto de apoyo para un nuevo nacimiento. Las líneas de fractura se convierten en líneas de fuerza, y el corazón de plomo se transforma en oro acrisolado y valioso.

José nos muestra con su vida que somos seres en transformación.

A esta altura, cabe preguntarnos: ¿Qué es esta transformación que vivió José a la que somos invitados libremente en nuestro camino existencial?

Intentaremos contestar en las siguientes páginas.

CAPÍTULO IX

SERES EN TRANSFORMACIÓN

Somos seres en camino, nuestros corazones son nómadas. Esto es claro en la historia de José. Pero, muchas veces, atrapados en nuestra finitud y las urgencias diarias, hemos olvidado en un cajón los fragmentos de inmensidad que guardamos desde siempre en lo profundo de nuestro ser, las semillas de eternidad que Dios depositó en nosotros.

Cada crisis nos llama a revisar nuestros modelos de vida, a desenterrar estas semillas valiosas, y a emprender una nueva marcha, en un contexto a menudo alejado de nuestras costumbres rutinarias, como le ocurrió a la familia de José, que tuvo que volver a nacer a la fraternidad en tierras de Egipto.

Cuando todo parece perdido, y en José esto se repitió varias veces, el abandono en manos de Dios se convierte en la espera de una palabra creadora que se pronuncia y se escribe en la página del alma. Lejos de ser pasiva, esta espera prepara *la revolución de la simplicidad*, del deshacer los nudos que estrangulan la vida. Este abandono en Dios no lleva a encerrarse en una burbuja protectora. Por el contrario, nos abre a lo que ocurre y a la realidad que vivimos.

Y para ello se requiere *coraje*. El *coraje* de salir del individualismo, para no aislarnos, y convertir nuestra vida únicamente en una experiencia interior instantánea, sin perspectiva, algo similar a "un selfi del alma", sino que, -orientados hacia la meta de la vida eterna-, nos dejemos transformar a lo largo de la historia, de manera que pasemos de ser simples fabricantes, a ser creadores responsables de un mundo nuevo.

Podemos renacer ya aquí y ahora en este hoy, renacer en la libertad interior. Entonces, transformados por la gracia del Amor de Dios, -incondicional y simplicísimo, que reconstruye desde las raíces de nuestras divisiones-, viviremos en nuestro presente nutridos de esperanza.

Desde aquí, comenzamos a aprender una nueva relación con los otros, que nos interpelan y despiertan nuestra alma adormecida.

EL DESPERTAR DE NUESTRA ALMA

José, el soñador, vivió despierto, no se dejó adormecer por las circunstancias adversas. Quizás es una de las lecciones cruciales del relato del libro del Génesis sobre José.

Nosotros, cuando nos encontramos agolpados entre la gente, en la sociedad que respiramos ajetreada, necesitamos despertar nuestras almas como lugares de silencio, en los que la Palabra de Dios puede reposar y resonar. Estar completamente donde se está, ese es el gran secreto para estar despiertos a la Vida que transforma nuestra pequeña vida hacia lo simple.

La simplicidad nos ayuda a situarnos mejor en el mundo que habitamos, no nos encierra, aunque vivamos en un claustro, sino que nos permite caminar en apertura hacia la realidad, ofreciéndonos una mirada nueva sobre todo lo que ocurre.

Mientras la humanidad está cada vez más conectada virtualmente y adormecida, la simplicidad nos sugiere un camino de liberación, que consiste en despertar y reconectarnos con nuestro mundo interior, para aprender a compartir vínculos auténticos con los demás y -juntos- reconfigurar la sociedad del mañana[36].

Un alma despierta abre caminos nuevos de sentido en el mundo.

José es un paradigma para nosotros de este despertar pasando por múltiples vicisitudes. Él despertó, paso a paso, al arte de crear vínculos auténticos en la familia. Esta transformación es constante, no se detiene en el individuo, sino que desborda hacia el exterior para revivificar y dar sentido a todo.

---

36 Internet coloniza nuestra interioridad. La actual es una generación triste con fotos de felicidad. Es urgente el caminar hacia la simplicidad, hacia una vida con una sola cara, no con mil caras según los intereses del momento.

Este proceso de transformación es una operación constructiva y dinámica. No se trata de ser justo, sino de volverse justo; no se trata de tener salud, sino de volverse sano; no es un ser, sino un llegar a ser; no es un descanso pasivo, sino un ejercicio cooperador. Y esta senda la recorrió vitalmente José.

Dado que somos seres de deseo, en marcha hacia lo desconocido que soñamos como meta, siempre hemos de vivir caminando sin abandonar la senda. Este caminar transformante no congela al ser humano, sino que lo dilata y encamina hacia los demás como participantes de un único plan de Dios.

El caminar de José vinculó su yo a los tú que le rodeaban, hasta llegar a moverse en un nosotros de fraternidad resucitada. Se atrevió a un cambio radical de vida.

LA SIMPLICIDAD SE ABRE CAMINO

La simplicidad, -creadora de sentido-, se abre camino entre las dudas e incertidumbres que se acumulan como basura en la acera de nuestra vida. Cierto que, tras beber del manantial de la simplicidad, hemos de caminar confrontándonos con una sociedad compleja, pero ya no somos los mismos.

Tras haber visto el secreto de la libertad que da la simplicidad, somos capaces de desprendernos de todo lo que es sobrecarga y complicación.

Esto le ocurrió también a la familia de José. Después de haber vivido el proceso se transformación, experimentando la simplicidad, y el deshacer los nudos que estrangulaban sus relaciones familiares, a la muerte de Jacob, vuelven a temer la venganza de José. Pero ahora dieron espacio al diálogo, y mostraron sus miedos, que se deshicieron ante la acogida fraterna sostenida de José (cf. Gén 50, 15s).

Con una mente abierta y simple, fueron juntos al encuentro del futuro.

Hay todo un aprendizaje de la simplicidad a lo largo de la vida, en medio de complejidades e incertidumbres, transformando cada punto de ruptura de un equilibrio anterior en ocasión de desarrollo y cambio.

Y esto quedó bellamente plasmado en el relato del Génesis que cuenta la historia de José.

Hay un primer paso importante para la transformación de la familia de José: aquel bendito banquete ofrecido por José a sus hermanos, al que ahora somos invitados.

Nos sentamos a esta mesa, diversa e insólita, para contemplar y aprender de ella. Está tan llena de gestos y palabras elocuentes que merece la pena acoger sus mensajes.

LA FRATERNIDAD RECONSTRUIDA DEL PEREGRINO JOSÉ

Es difícil construir y reconstruir la fraternidad. La vida fraterna es bella, pero es frágil, sumamente vulnerable, requiere un trabajo constante y laborioso. Sólo con el modo de mirarnos podemos arañarnos o acogernos. El hilo de la amabilidad esencial es bellísimo, pero muy vulnerable, y de ella estamos más necesitados de lo que mostramos. Pero, en el camino de la vida descubro siempre que: por el hilo más frágil, entra Dios a la vida y la recrea.

Veamos la comida de José con sus hermanos, para contemplar los hilos que tejen esta fraternidad deshilachada. Sorprendentemente se recomponen los hilos de esta familia en un banquete en Egipto (cf. Gén 43, 16-34), en tierra extraña a la familia, y lejos de Canaán, la tierra prometida.

Cuando por segunda vez, los hermanos de José vuelven a Egipto con Benjamín, José da en su casa una comida para ellos, pero es algo insólita en su disposición: José come en una mesa, los egipcios en otra y los hermanos hebreos en otra. Esta separación extraña es muy significativa. La mesa común, signo de unidad, aparece dividida. En este banquete, la mesa es signo de división, o mejor este banquete es la mesa de la verdad, donde aparece con claridad la separación que reina entre los comensales.

En el primer encuentro José se mostró hostil a sus hermanos. Ahora se emociona y tiene que retirarse a llorar. Ha habido un cambio en las reacciones de José. Desde el reencuentro primero, que los trata como espías, hasta ahora hay toda una transformación. La visión del rostro de los hermanos ha despertado sus afectos, del olvido de los lazos familiares se pasa a la memoria afectiva.

Indudablemente, el tiempo que ha pasado ha propiciado que Dios actúe en todos cambiando los corazones. Las vicisitudes de la vida, por las que han ido caminando estos hermanos, les han ido configurando en esta fraternidad desde dentro. Ahora todos están preparados para sentarse alrededor del mismo banquete, y mirar en qué lugar se encuentran, si lejos o cerca del otro.

Un banquete silencioso

En el relato no aparece conversación alguna durante la comida. Un banquete silencioso es insólito en las culturas antiguas. Ello nos suscita muchas preguntas: ¿Por qué a Benjamín le dan una ración cinco veces mayor que las de los otros hermanos? ¿Por qué están sentados por orden de edad, de mayor a menor?

Quizás cada miembro de la familia necesitara ocupar su lugar sin rivalidad, para dejar de ser enemigo a la puerta del otro. Pero no hay respuestas en el texto, sólo se divisa la simplicidad que danza entre los espacios blancos que separan las frases. Se desliza entre las palabras como algo insólito, que está ocurriendo en el interior de todos los comensales a medida que avanza el banquete. Una danza que va de la complicación vengativa a la simplicidad que unifica.

Este cambio en los corazones no se expresa con palabras, pero se adivina en sus ojos, en el lenguaje de las miradas, pues dice el narrador que los hermanos se miraban entre sí asombrados (cf. Gén 43, 33). Este asombro es el inicio del deshielo de unas relaciones congeladas hacía mucho tiempo y es muy evocador. José tiene una gran habilidad y destreza en la gestión de esta difícil situación.

Resuena en este asombrarse algunos versos del libro de los Proverbios, en él se nos ofrece la lúcida sabiduría de Israel. Dejemos resonar estos versos y acojamos su mensaje.

A la mesa de un poderoso

El libro de los Proverbios saborea la existencia de cada día, para adquirir un conocimiento con sabor de todo lo cotidiano. Hace referencia al gusto de este conocimiento, que no es un conocer con frialdad, sino un descubrimiento cálido y apasionado de la realidad y sus secretos[37].

En esta ocasión, el texto que vamos a dejar resonar capta un fragmento de la vida cotidiana, una experiencia a realizar o a evitar, revelando así el batiburrillo que es el corazón del hombre. Nuestra perla de hoy dice así:

"Cuando estés a la mesa de un poderoso, ten cuidado con quién está frente a ti: ponte un cuchillo en la garganta si tienes apetito. ¡No seas ansioso en sus exquisiteces!" (Prov 23, 1-3).

La escena de Proverbios se desarrolla cuando una persona de condición modesta es invitada al banquete de un poderoso, como es el caso del banquete de José ofrecido a sus hermanos.

El consejo del antiguo sabio hebreo está sustancialmente vinculado al sentido común y a la agudeza en los comportamientos. Ser invitado a la mesa de una personalidad es siempre una oca-

---

37 Cf. G. Ravasi, *La Biblia en un fragmento*, Colección "El pozo de Siquém" 335, Editorial Sal Terrae, Cantabria 2014, 115-116. La literatura sapiencial, presente en la Biblia, se interroga intensamente por el misterio del mal en Job, sobre el amor en el Cantar de los Cantares, sobre la crisis interior en Qohelet, sobre el encuentro con Dios en los Salmos y sobre otros muchos temas. En Proverbios se interroga sobre la existencia de cada día, y presenta sus reflexiones como esquirlas de sabiduría popular o culta, expresadas de forma lapidaria para aprenderlas de memoria.

sión propicia, pero también arriesgada, porque el anfitrión acoge, pero observa; agasaja al invitado, pero al mismo tiempo lo prueba, lo analiza y lo examina. La advertencia es entonces elemental: ¡Sé cauto!

Particularmente eficaz es el símbolo del cuchillo, que hay que ponerse en la garganta, para refrenar el deseo de lanzarse sobre aquellos platos llenos de manjares. Esos manjares, en efecto, ocultan un engaño sutil, porque, -al tiempo que satisfacen y hacen gozar-, dejan al descubierto el estilo, la dignidad, la educación y el autocontrol de la persona.

Pero esta primera actitud de cautela, a medida que avanza la comida en la casa de José, fue cambiando hasta que dice el narrador:

"Ellos bebieron y se alegraron en su compañía" (Gén 43, 34).

¡Qué giro tan impresionante ha dado la mesa y los comensales! Del mirarse llenos de asombro, pasan a alegrarse en la compañía mutua. No sólo es resultado del vino esta alegría, el relato resalta la alegría por la compañía de los comensales, se han desecho los muros de enemistad.

Acerca del vino, dice el sabio:

"El vino es como la vida de los hombres, con tal que lo bebas con mesura. ¿Qué vida es aquella en la que no hay vino? Este fue creado, en efecto, para la alegría de los hombres. Alegría del corazón y alegría del alma es el vino bebido a tiempo y con mesura" (Sir 31, 27-28).

Sí, en el banquete de José el vino se ha bebido a tiempo y con mesura. Los frutos nos lo demuestran, ya tenemos una mesa rebosante de alegría, las antiguas divisiones se están disipando. Ahora tampoco es obstáculo que Benjamín sea predilecto para José y le dé raciones mayores que a los demás. Alma y corazón rebosantes de alegría van a propiciar el reencuentro fraterno, la reconstrucción de los vínculos familiares se abre paso en este banquete inesperado.

¡Bendita mesa resucitadora de una familia en crisis!

El vino en la Escritura puede asumirse como símbolo mesiánico, ilustrando su alegría, su júbilo y su belleza. Por eso no es posible ignorar, en este momento, otra mesa entrañable para nosotros, la de las bodas de Caná. Cristo también elegirá este sencillo signo del vino, que él multiplicará para los novios, para hablar de la nueva alianza[38].

La mesa de Caná evocadora

Traigamos a la memoria la mesa de las bodas de Caná (cf. Jn 2, 1-11), dejemos que nos evoque algún mensaje para la mesa de José y sus hermanos. En esta mesa también hay dificultades, pero quedan superadas por la presencia de María y Jesús.

No hay mesa común perfecta, como tampoco hay grupo humano perfecto. Todos tenemos sueños de una comunidad perfecta, una familia sin dificultades, un mundo unido, y esto no por casualidad, sino porque hemos sido creados y llamados a la existencia para una vida con vínculos estables que hagan respirar; hemos sido traídos a la existencia para "ser comunidad", como Dios trino es comunidad.

La vida, y también la comunidad, es obra de Dios y don de lo Alto. Es gracia que actúa en nuestra vasija de barro, pero hemos de acoger libremente esta gracia de Dios que nos cambia, como José y sus hermanos acogieron la gracia de aquel banquete inesperado que los restauró, y como los invitados a la boda en Caná acogieron el vino mejor.

---

38 El vino llega hasta el corazón, el agua es algo exterior. El vino alegra el corazón, y transforma la percepción de los sentidos, dirá Gregorio Magno. El vino de las Escrituras produce la "santa embriaguez", que es la verdadera conversión o transformación del corazón, en ella el espíritu de la persona deja de amar las cosas vanas y rechaza las obras de muerte.

Por eso, es necesario transformar nuestros sueños en "fuertes deseos" de hacer crecer la vida y la comunidad. Los sueños -sin más- sólo pueden llevarnos a criticar la realidad que vivimos, los deseos abren el corazón, estimulan, suscitan nuevas ideas, empujan a comprometerse en nobles tareas que hacen crecer.

¿Cómo hacer esta transformación? ¿Cómo pasar de los sueños a los fuertes deseos?[39]

Si oramos sentados en esta mesa de Caná, y al unísono nos acercamos a la mesa de José en Egipto, una misma palabra resuena en las dos historias: Caná y Egipto, que desencadena el proceso de transformación de los comensales, aunque solemos no darle mucha importancia. Esta palabra, primero en boca del faraón referida a José, después en boca de María referida a Jesús es: *"Haced lo que él os diga"* (Jn 2, 5; Gén 41, 55).

Los sirvientes de la boda de Caná siguen las indicaciones de Jesús, los de la mesa de José siguen las indicaciones de José, incluso la ración de cada hermano es determinada por José. Hay una gran docilidad que reluce en ambas mesas festivas.

Pero no son mesas ficticias, aparecen dificultades tan reales como el suelo que pisamos. En la mesa de Caná no tienen vino, falta la alegría en la boda, símbolo de la vida humana. En la mesa de José falta la delicia de convivir los hermanos unidos, falta el aceite de la fraternidad.

Pero hay algo sorprendente en el texto original del Génesis y del Evangelio de San Juan, ambos dicen literalmente: *"Lo que él os diga, hacedlo"*. Por tanto, la transformación de los comensales se inicia por "la escucha", después vendrá el hacer, y es que todo empieza por el silencio de "la escucha": la Creación, la Redención, la Consumación.

---

39 La respuesta es muy sencilla: fortalecer el deseo de cambio auténtico, dejando de vivir en la simple apariencia. Que la vida sea una boda con vino, no sólo una apariencia de fiesta. Pasar de una comida llena de perplejidades y confusión, a un banquete de fraternidad pleno de alegría.Suena bonito esto escrito, pero cuánto nos cuesta en la realidad que nos toca vivir.

Para esta transformación hay que entrar en el silencio y enfrentar las carencias. También en nuestra historia de hoy y en las mesas de nuestras vidas.

Cuando no hay deseos verdaderos de crecer en fraternidad y unidad, nos contentamos con un poco de armonía, procurando no molestar y no ser molestados. Nos cerramos a nuestra pequeña rutina, nuestra comunidad, nuestro trabajo, nuestra precariedad, nuestro mundito, y no abrazamos nuestra verdadera comunidad, que es el Cuerpo de Cristo, impidiendo el encuentro restaurador de Dios y los hermanos.

El silencio es el camino para entrar en el misterio del encuentro entre Dios y el hombre, un encuentro transformador y vivificador, que es don y gracia a la que abrirnos. Este camino no es lineal, ni fácil, ni evidente. Será necesario confiar, seguir a Otro, dejarse llevar, soltar las riendas de la vida para dárselas a Dios. Será necesario ascender a la montaña de las dificultades, y esto implica fatigas y perseverancia. En las encrucijadas hay que pararse, mirar y callar (cf. Jer 6, 16). Después los frutos son muy sabrosos.

Junto a este silencio, emerge de esta mesa la imagen de la alianza, frecuente en los escritos bíblicos.

Caná, banquete nupcial universal

Ciertamente, la imagen de los esponsales es típica para expresar la relación de Dios con su pueblo en los textos bíblicos[40]. Y en esta mesa de Caná aparece la situación no sólo de unos novios concretos, sino el corazón del pueblo de Dios, de piedra y vacío, a falta del vino de la alegría de vivir.

Desde este punto de vista, el relato del Evangelio de San Juan comienza constatando un fracaso: *"No tienen vino"*, dirá la madre de Jesús, presentada en esta ocasión como "la mujer", figura del Israel fiel, que engendra -para Dios- hijos por la alianza.

---

40 Cf. Os 1-3; Jer 2,2; Ez 16, 8; Is 62, 4-5; Mt 22, 2.

En efecto, Israel dispone sólo del agua de las purificaciones en seis tinajas de piedra. Posee unos ritos que debe repetir sin descanso, porque piensa que le hacen digno de acercarse a Dios, al menos en la medida en que reflejan el esfuerzo humano por ajustarse a la ley.

Pero, desde el esfuerzo, ¿cómo entrar en la gratuidad y la alegría de una alianza, de la que el vino es fuente y signo? Desde las propias fuerzas es imposible.

La madre de Jesús le interpela para llamar la atención sobre la carencia del pueblo. Se trata de una discreta sugerencia de que para Jesús ha llegado el momento de responder a la sed del pueblo y da lugar a que Él obre su primer signo. Al decirle: *"Haced lo que Él os diga"* (Jn 2, 5), la madre no hace más que recordar, bajo la forma de una invitación, aquello a lo que se había comprometido el pueblo de la primera alianza[41].

La palabra de la madre de Jesús se hace eco de otro texto, situado en la historia de José, y que interviene igualmente en un contexto de escasez de comida. Cuando la hambruna comienza a pesar sobre los pueblos, los egipcios claman al faraón para que vaya en su ayuda, y él les envía a José con las mismas palabras: *"Haced lo que él os diga"* (Gén 41,55), recomendándoles que acudan a él en busca de subsistencia y de vida.

Así, se introduce en el relato una apertura a lo universal, egipcios e israelitas hambrientos saciándose del pan de José. Esta universalidad es característica de la nueva alianza abierta a todas las naciones. Gracias a ella, los sirvientes, a quienes se dirige la palabra, no son sólo el tipo de Israel fiel, sino también el modelo de las naciones, que se abren al enviado de Dios, cuya palabra les introduce en la nueva alianza.

---

41 Cf. Éx 19, 8: *"Haremos todo lo que ha dicho el Señor"*.

Un banquete de balde

Cuando los profetas buscan una imagen, -para evocar la restauración de la alianza y su cumplimiento escatológico-, recurren a la imagen del "banquete".

Por ejemplo, el discípulo de Isaías, autor de lo que se ha llamado el "Apocalipsis de Isaías" (cf. Is 24-27) evoca el banquete, que celebrará la nueva era inaugurada por el Señor y dice:

"El Señor Sebaot preparará para todos los pueblos en esta montaña un festín de aceites, festín de vinos, aceites suaves y vinos de solera. Destruirá en esta montaña el velo que velaba a todos los pueblos, la máscara que enmascaraba a todas las naciones. Engullirá la muerte para siempre. El Señor Dios enjugará las lágrimas de todos los rostros, y quitará de toda la tierra el oprobio de sui pueblo. Lo ha dicho el Señor" (Is 25, 6-8).

Como vemos, este banquete universal festeja la muerte de la muerte, el fin del duelo, o de la ceguera de las naciones y de la vergüenza de Israel. Lleva así a cumplimiento los banquetes cultuales de los sacrificios de alianza.

En la misma línea, al final de su libro, el Deutero-Isaías invita a los hambrientos a una mesa abierta, en la que el alimento es servido gratuitamente:

"Todos los que tenéis sed, venid a las aguas; incluso aunque no tengáis dinero, venid, pedid grano y comed; sí, venid, pedid grano sin dinero, y sin pagar, vino y leche." (Is 55, 1).

Pero es la alianza la que da acceso a la comida así ofrecida, una comida que sustenta y sacia, que supone hacer sitio al otro, para escuchar su palabra que da sentido al don de la mesa compartida con todos.

En la continuación de este texto del profeta Isaías, la conjunción de palabra y alimento permite interpretar la comida como palabra que nutre y hace vivir:

"Escuchad, escuchadme y comed lo que es bueno; que vuestra vida se deleite de sabor. Tended el oído y venid a mí. Escuchad a fin de que viváis y yo concluya con vosotros una alianza eterna" (Is 55, 2-3)[42].

En el banquete de José, al que nos hemos sentado para contemplar, comen sin pagar sus hermanos, y las lágrimas de José son enjugadas. Poco a poco se va despertando la alianza familiar, los vínculos adormecidos y muertos de la fraternidad. En esta mesa se hace sitio al otro, y se va saciando el hambre de paz en los corazones de esta familia dividida.

Sigamos escuchando la melodía que resuena en esta bellísima historia de José y su familia, tan real y tan cercana a la vida de toda persona, tendremos la oportunidad de escuchar en el texto un canto al Dios providente.

---

42 Cf. A. Wenin, *No sólo de pan. El deseo en la Biblia. De la violencia a la alianza*, Ediciones Sígueme, Salamanca 2009, 203-204.

CAPÍTULO X

UN CANTO
AL DIOS PROVIDENTE

El hambre de paz es un anhelo que habita en todo ser humano. Esta hambre necesita saciarse, no sólo en la familia de José, sino en cada generación.

Tras la reconciliación, vivieron en Egipto el anciano Jacob, José y sus hermanos, aparentemente bien, hasta que muere el padre. Entonces, los hermanos comenzaron a tener miedo y se decían:

"Quizás José empiece a odiarnos y nos devuelva con creces todo el mal que le hicimos" (Gén 50, 15).

¿No era suficiente todo lo que hizo José por ellos para saberse perdonados? ¿Cómo que después de tanto tiempo los hermanos no han olvidado el mal que hicieron?

Sólo el paso del tiempo no es suficiente, necesitan de nuevo pedir el perdón que José ya había dado hacía tanto tiempo. Y José, experto en humanidad, de nuevo vuelve a darlo:

"No temáis, ¿puedo ponerme yo en lugar de Dios? Ciertamente vosotros os portasteis mal conmigo, pero Dios lo cambió en bien, para hacer lo que hoy estamos viendo: para dar vida a un gran pueblo" (Gén 50, 20).

Y es que la reconciliación nunca termina del todo, siempre hay que confirmarla; igual que la fe, la esperanza, el amor, siempre rehaciéndose, siempre cultivándose, siempre necesitados de confirmación una y otra vez.

Cada día necesitamos ser escuchados y amados, no basta con oír un "te quiero" un solo día, es necesario oírlo a diario para ser protagonista de la historia y sostener la melodía de la vida en clave de amor.

De manera análoga, el perdón necesita ser estrenado cada día, para volver a experimentar que Dios está con nosotros en toda situación y en cada jornada con su providencia.

La historia de José, y la reconciliación familiar, nos evoca el episodio del maná en el desierto que Dios daba a su pueblo. Únicamente se podía tomar la ración para ese día, excepto la víspera del sábado que se tomaba raciones para dos días, en atención al descanso sabático.

Ciertamente, la historia de José es un canto al Dios providente y a la reconciliación de la fraternidad.

DIOS PROVIDENTE Y RECONCILIADOR

Este Dios providente, a lo largo de esta narración, nos invita a contemplar la historia como sellada por su dedo. Respetando la libertad, Dios interviene en ella de modo eficaz, con un plan que siempre nos supera, y que es inesperado, como lo fue para José y su familia.

El Dios del éxodo es el Dios del asombro providente. Y este Dios tiene un corazón de padre. La reconciliación de la familia de José muestra la paternidad de Dios y su providencia.

Esta providencia el autor del relato la resume en una frase:

"El Señor estaba con José y hacía prosperar todo lo que él emprendía" (Gén 39, 3).

Es este Dios providente el que hace posible la reconciliación entre los hijos de Jacob, tal como dice la narración:

"Yo soy José, vuestro hermano, el que vendisteis a los egipcios. Pero ahora no os preocupéis, ni os pese el haberme vendido aquí, pues para preservar la vida me envió Dios delante de vosotros...Dios me envió delante de vosotros para aseguraros supervivencia en la tierra y para salvar vuestras vidas de modo admirable" (Gén 45, 4-7).

Ciertamente, el término "reconciliación" no aparece en la historia de José. Sin embargo, está presente como un camino, un proceso largo que dura veintidós años y culmina con el reencuentro de todos ellos.

PROVIDENCIA Y PALABRA

La actuación de Dios conlleva *diálogo y palabra*, las cuales son esenciales para entrar en el corazón del relato de José.

Primero se oye la voz de Jacob que dice:

"Ve a ver cómo están de paz (salud/shalom) tus hermanos y el rebaño" (Gén 37, 12),

y luego sigue:

"Vuelve a mí y tráeme noticias (palabras) de tus hermanos" (Gén 37, 14).

El encargo primero de ir a sus hermanos, José lo cumple con fidelidad, por eso al hombre que le pregunta:

";A dónde vas?" (Gén 37, 15),

le dirá:

"Busco a mis hermanos" (Gén 37, 16).

Y esta simple búsqueda configuró toda su futura existencia.

La segunda orden de volver a su padre, y traer noticias de sus hermanos, no se cumple, pero no era una orden secundaria. Es importantísimo volver, y llevar palabras al Padre, pero la omisión del narrador de esta vuelta hace que esta información quede suspendida en el aire[43].

Es más, los que aparecen en la escena hablando entre sí son los hermanos, que viéndolo de lejos deciden matar al soñador (cf. Gén 37, 18s). Y aunque deciden de lejos eliminarlo, finalmente lo venden, y envían al padre la túnica de José con la sangre del cabrito con estas palabras:

"Hemos encontrado esto lleno de sangre, mira a ver si es la túnica de tu hijo José" (Gén 37, 31-32).

Este es el único mensaje que el padre recibe.

A José le quitan la palabra desde el momento que lo encuentran. No pudo hablar con su padre de nada. Tendrá que pasar mucho tiempo. Incluso en el encuentro con su padre en Egipto, cuando toda la familia es invitada a Egipto, José no dice nada, sólo llora y abraza a su padre (cf Gén 46, 29). Al menos no aparece en el relato.

Pero esta palabra quitada por sus hermanos, ya que no transmitió noticias de ellos a su padre Jacob, al final de la historia se le devuelve. José puede pronunciar otra palabra que es más importante en la vida de esta familia, dice delante de sus hermanos:

"No temáis ¿Puedo ponerme yo en lugar de Dios? Ciertamente vosotros os portasteis mal conmigo, pero Dios lo cambió en bien, para hacer lo que hoy estamos viendo: dar vida a un gran pueblo. Así que, no temáis. Yo cuidaré de vosotros y de vuestros hijos. Así los consoló hablándoles al corazón" (Gén 50, 19-21).

---

43 Cf. E. SANZ GIMÉNEZ-RICO, "La historia de José" (Gén 37, 2-50,26) en: *El libro del Génesis,* Reseña Bíblica 78, Editorial Verbo Divino, Estella (Navarra) 2013, 39-46.

José pronuncia estas palabras gracias a la providencia divina, que le devuelve precisamente esa capacidad de hablar, que sus hermanos le habían usurpado.

Todo esto sucede gracias a las últimas palabras de Jacob en vida, su padre, y que le transmiten a José sus hermanos.

La intercesión de Jacob sitúa a José frente a sus hermanos, ocupando un lugar principal, ya que es una palabra de ánimo dirigida al corazón de sus hermanos. Y en estas palabras hay dos referencias valiosas.

La primera es la doble repetición del "no temáis", que significa que José promete a sus hermanos seguir cuidando de ellos, tal como prometió a su padre, pero ahora ante el rostro de los hermanos.

La segunda es el ánimo y la fortaleza que José transmite a sus hermanos al hablarles al corazón, expresión que siempre se usa en contexto de perdón y misericordia.

Dios es capaz de cambiar un mal en bien: devolver a José una palabra que sus hermanos le habían usurpado. Una palabra que hace posible la realización de la liberación que ella conlleva (cf. Gén 50, 21).

La palabra es clave para que se lleve a cabo el proceso de la reconciliación. Dios, Señor de la historia, respetando la libertad del ser humano, interviene en ella de modo eficaz y con un plan que va más allá de los cálculos humanos.

CUSTODIOS DE UN RELATO

Somos custodios de este impresionante relato de José, destinado a los hombres de todos los tiempos, para consolarlos tocando el corazón de sus luchas, y mostrarles la providencia de Dios: *el perdón*.

En estas palabras del Génesis, se nos muestra que el amor de Dios es absolutamente inseparable del amor al hombre. No podemos reducir la Palabra de Dios a nuestra medida, siempre tan mezquina.

Se nos ha entregado este relato como un tesoro de vida, como diapasón de nuestros deseos y preferencias, para orientarlos hacia Dios, no hacia nuestros criterios y cálculos.

Escuchar el relato en su simplicidad, y custodiarlo en su integridad, es crucial para el encuentro con Dios en el texto, como almas postradas en adoración ante estas Palabras de Dios.

Y esta escucha sólo se da si percibimos la vida de los hombres desde dentro, desde sus luchas más humanas, que son las nuestras. En esta escucha, cesa la palabrería de los hombres, para dejar resonar en el corazón el eco de la vida.

Tomamos la luz del texto, que como siervo nos ofrece cada relato, para que prendida en nuestro candelero, seamos luz de los pueblos.

No echemos la semilla fuera de la tierra, en el camino, o entre piedras, donde nunca podrá echar raíces fuertes y crecer. Dejar el relato bíblico fuera de nuestro espíritu, muy alejado de nosotros, en el camino, para que su luz no afecte nuestras jornadas, nuestras actitudes, nuestros actos…es no querer ser luz de la tierra.

Entonces nos convertimos en "principiantes", que olvidan lo escuchado sin guardarlo en el corazón, haciendo de la Palabra de Dios una "conversación" sobre Él, e incluso con Él, pero nunca "una conversión", un hacerse carne en lo más profundo de nuestro ser lo escuchado -de parte de Dios- en el texto.

Dios se ha enamorado de la humanidad, de cada persona concreta, y viene a nuestra vida para mostrarnos su amor hasta los límites de nuestra carne, hasta transformar nuestro ser caduco y frágil en un ser que transporta la luz de Dios por todas partes a donde va.

Esta transformación la realizó con José y su familia, ciertamente su amor es invencible, y quiere realizar esta filigrana en cada uno de nosotros, por muchos que sean los límites de nuestro ser y nuestro vivir.

Desde la plenitud de la revelación de Dios, en Jesucristo todas las fibras de su humanidad están vueltas hacia el Padre. Así mismo, todo nuestro ser debe ser tomado de nuevo en el amor, y orientado hacia Dios, de forma que sea real en nuestra vida el florecer de un mundo nuevo, que anticipe la vida eterna, un mundo pacificado y reconciliado, donde la semilla del amor incondicional florezca y dé frutos abundantes.

Todos nosotros llevamos en el corazón el deseo de vivir como hermanos, en la ayuda recíproca y en armonía. El hecho de que a menudo esto no se verifique, debería estimular aún más la búsqueda de la fraternidad.

Dios transformando al hombre desde dentro, e invitándolo a desprenderse del mal, lo orientan hacia una actitud de paz. Su diálogo con los hombres teje una trama pacífica, rechaza las tentaciones de desgarrar el tejido familiar, y libera de la instrumentalización de los demás, siempre con fines egoístas e interesados.

Armonizar las diferencias no es un proceso sencillo, sino que es la única vía capaz de garantizar una paz sólida y duradera, es un compromiso que requiere reforzar nuestra capacidad de dialogar con los demás.

Hombres y mujeres de diferentes religiones caminan hacia Dios recorriendo caminos que cada vez más a menudo se cruzan. Cada encuentro puede ser ocasión para oponerse o, con la providencia de Dios, para animarse mutuamente, e ir adelante como hermanos y hermanas. Compartimos de hecho no solo un común origen y descendencia, sino también un destino común, el de criaturas frágiles y vulnerables, en donde se pueda contemplar la actuación del poder de Dios.

El florecer del mundo de José y sus hermanos nos anuncia anticipadamente esta obra de Dios en toda la humanidad, la re-creación tan deseada y soñada por todos los pueblos.

CAPÍTULO XI

EL FLORECER
DEL MUNDO DE JOSÉ

El telón de fondo del relato de José y sus hermanos es el amor a los enemigos. Pero amar al enemigo no es dejar campo libre a la destrucción; es aceptar la posibilidad de que cambie y liberarlo de lo que le impide florecer.

El hombre -frente a Dios- se descubre necesitado de una doble realidad: *pan y perdón*; el uno para el sustento del cuerpo, el otro para la identificación de su yo. Y los hermanos de José manifiestan esta verdad en el momento que José se da a conocer, y da pasos ciertos para la reconciliación y la provisión de víveres.

José es imagen y semejanza de Dios en estos momentos. Brilla sobre él el verdadero rostro de Dios, para que sea conocido por la familia de Jacob: *Clemente y Misericordioso*.

EL PERDÓN COMO RECONSTITUCIÓN DE LA PERSONA

En esta historia -y en toda historia- el perdón es más importante que la misma petición de pan, no porque lo sustituya, sino porque sin el perdón, que reconstituye al sujeto, éste no puede saborear el pan, convertido en un cuerpo sin vida.

José, como instrumento de la providencia de Dios, posibilita que sus hermanos saboreen el pan y la vida, dándoles el perdón. Pasa, así, toda la familia a poder compartir el mismo pan, en un tiempo asolado por la hambruna.

La puerta para ello ha sido el perdón de José.

El perdón reconstituye el "ser agápico", aquel ser que es capaz de dar y compartir, en cuyo interior florece el mundo como Edén y armonías, liberados del mundo como lugar de choque y violencia, en el que se habían movido tantas generaciones.

La tierra entera en tiempos de José se convirtió en un desierto, pero el suelo que él pisaba era tierra acogedora de *pan y perdón*.

ENTRE EL CAOS Y EL COSMOS

La humanidad entera, también en aquella tierra lejana de Jacob y de José, camina entre tinieblas y luces, entre el caos y el cosmos, entre el bien y el mal.

Para la Biblia, el sentido de la historia viene dado por la llamada de Dios, que, dirigiéndose al hombre, lo constituye compañero suyo en una relación de alianza, que lo transforma en cocreador del mundo con Dios.

Pero esto no cancela el mal.

El mundo sigue siendo belleza de forma y armonía (cosmos), a pesar del mal que sigue de trasfondo. Y el hombre sigue siendo principio de alianza, esto es, capacidad de responder a Dios, y de amar al hermano, a pesar de sus constantes rechazos en la práctica.

La belleza y la armonía del cosmos -semilla de Dios-, no anula lo negativo del mal. Ambos permanecen en un ritmo acompasado por la acción de Dios y la libertad del hombre, en una lucha entre muerte y vida, tal como aparece en el relato de José, el hijo predilecto de Jacob.

En esta lucha de la humanidad entera, aparece una novedad, que la vida de José nos dibuja en el texto.

MÁS ALLÁ DE LO POSITIVO Y DE LO NEGATIVO

La novedad a la que me refiero es el *perdón*, entendido como capacidad de ponerse frente al mundo, más allá de la fruición, ya que todavía no es cosmos (orden), y más allá del mal, ya que no es solamente caos, para reconstituirlo según el proyecto original de Dios.

Para la Biblia, el perdón es lo que falta a la realidad, y que una vez encontrado, le hace renacer a su verdad. El perdón sería, algo así como la mirada de Dios que se posa sobre el caos del hombre, mirada que reintegra este caos, haciéndolo renacer.

Por tanto, el perdón es el nuevo principio de lo real. Tal como ocurrió en la vida de la familia de José. Tras el perdón de José, comenzó una realidad nueva para toda la familia.

Siguiendo el hilo del tiempo, Jesús, más tarde, vendrá a comunicarnos este nuevo principio de la realidad en el perdón desde la Cruz, donde mostró su amor hasta el extremo.

En Jesús, uno de los gestos -con los que revela al mundo el perdón de Dios-, es la acogida incondicional de publicanos y fariseos, comía con ellos en la misma mesa. Cuando Jesús come con ellos, es Dios mismo el que aparece y se transparece, reconciliándose con ellos a través de la "carne", del Hijo encarnado[44] (cf. 2Cor 5, 18-21).

No es el hombre el que se reconcilia con Dios, sino Dios con él, porque el pecado precipita al hombre en la incapacidad de salir de sí mismo. La reconciliación, que brota del perdón, es un acontecimiento no una ley, ni siquiera una necesidad psicológica exclusivamente, porque va más allá.

La reconciliación abre un *novum*, un nuevo espacio y un nuevo acontecer, porque Dios da algo más de sí mismo, mucho más de lo que dio al crear el cosmos, da a su propio Hijo. El gran don de la Encarnación y la Pasión abre este *novum*, esta mesa nueva de reconciliación para todos.

En la historia de José hay ya un anticipo de este perdón, que en Jesús llega a su plenitud.

Esta mesa nueva se hace ya presente, en alguna medida, en la mesa de José ofrecida a sus hermanos. Dentro del mundo familiar

---

44 Cf. C. DI SANTE, *El padre nuestro. La experiencia de Dios en la tradición judeo-cristiana,* Colección Ágape 18, Ediciones Secretariado Trinitario, Salamanca 1998, 145-148.

de José, dominado por la violencia y la envidia, José es el rostro de Dios, que es perdón renovado siempre, sin límite.

ALIANZA, PRINCIPIO ORIGINAL

Con este perdón se hace presente el principio de alianza, principio original, en virtud del cual -para la Biblia- se sostiene lo real, y que quedó borrado por la caída de Adán.

Para esta alianza original era necesaria la libertad de Dios y la del hombre. Libertad que con el pecado la humanidad perdió. A esta libertad se vuelve a llegar tras un camino de vuelta. El camino que recorrió la familia de José, hasta la recuperación de la libertad nacida del perdón mutuo.

José y sus hermanos, muriendo al sueño dominador sobre los otros, invierten la lógica de la violencia y el pecado, y reciben el don de la reconciliación, el don de no usurpar el señorío de Dios sobre la historia y sobre sus vidas. Dios ocupa así su lugar en la vida de la familia.

SUJETOS RECEPTIVOS A LA ALIANZA

El paso primero para recibir este don de restaurar las relaciones familiares, y volver a vivir la vida como alianza, es volver a ser sujetos receptivos de la gracia, y aceptar el sufrimiento que el anhelo de dominar ha producido en el corazón de cada uno y de la familia.

Ciertamente, el sujeto dominador, en un mundo desfigurado por su afán de dominar, sólo puede des-enseñorearse a partir de la aceptación de lo negativo que lo envuelve, para invertir su lógica interna: ser como dioses. Se necesita valor para romper esta lógica y comenzar a ser criatura dependiente de Dios y de los otros. Las vicisitudes de la vida fueron ciñendo de valor a José y a sus hermanos para dar el paso.

En la plenitud de los tiempos, Jesús es el Mesías que lleva esta reconciliación a su completo cumplimiento; porque en este mundo dominado por el pecado, abrió en la Cruz el principio o la ley de la alianza nueva, en bien de la humanidad. Abrió aquel "punto original" del que depende -según el designio creador- el ser o no ser del mundo, ese punto desde el que es posible "levantar" el mundo, transformándolo de infierno en Edén.

La Cruz es el único lugar desde el que vuelve a florecer el mundo como Edén.

En la historia de José aparece, -como un manjar para saborear anticipadamente-, el perdón como la única fuerza capaz de transformar el corazón violento, y la injusticia que este engendra.

Rompiendo la reiterada violencia de padres a hijos, el perdón -en su impotencia de no responder con el mal al mal recibido-, oculta el poder más alto: *la potencia del amor.*

EL HORIZONTE DEL AMOR

En la impotencia del perdón se oculta la potencia del amor.

Y gracias al perdón, el corazón violento accede a su verdadera identidad, la del amor según el modelo de su Creador.

El perdón hace renacer a la identidad original, la de ser *libertad para la bondad.* Este perdón, revela el propio pasado de violencia, pero no para clavar al hombre en su pasado, sino para abrirlo a un futuro según Dios que comienza de nuevo.

El hombre descubre su dislocación, y su desplazamiento respecto a la voluntad de Dios, y se abre al milagro del perdón, obra de Dios en su corazón responsable, capaz de responder a la gratuidad de la primera alianza, la de Dios y su creación.

Y el perdón posibilita ser compañero de Dios y responsable del mundo.

Esta fue la experiencia de José y su familia: el milagro del perdón familiar, de modo que José se responsabilizó del cuidado de su padre y sus hermanos, y todos juntos pasaron a ser compañeros de Dios, el Dios de Abraham, Isaac y Jacob, Dios de vivos, no de muertos.

DON Y PROVIDENCIA

Lejos de dejar el mundo a la deriva, Dios da gratuitamente el perdón a la humanidad, como único principio capaz de restaurarlo, para llevarlo al esplendor de la creación. Cada lucernario que hacemos evoca el esplendor primero.

Anhelamos esta luz y esta armonía primera, nuestro corazón siempre mira a oriente, para ver nacer una nueva aurora, la del perdón restaurador. Y siempre me surge una pregunta: ¿qué quiere decir perdonar al otro desde la fe y la sensibilidad bíblica?

Veo que muchos tienden a identificar perdón con la condonación, es decir, renunciar a la deuda. Otros identifican perdón con olvido, para no dejarse destruir por el odio vengativo, pero el olvido sólo es una estrategia de supervivencia.

El "perdón bíblico" se centra no en el ofendido o el ofensor, sino en "el modo" con que el ofendido mira al ofensor. Dejar de mirarlo como enemigo o adversario.

Para ese cambio de mirada, es necesario un nuevo nacimiento de los ojos, y la muerte del viejo yo. Perdonar no es condonar ni olvidar, sino poner sobre el otro una mirada conforme a una verdad que no lo envilece, ni lo juzga negativamente, sino que lo acoge y le deja ser respetuosamente.

Por eso perdonar es la abolición de la categoría de "enemistad", que únicamente produce ceguera en los hombres.

La nueva mirada del hombre que perdona, deja de configurar al otro como enemigo, y se le revela como "pobre", en el sentido bíblico, es decir, necesitado de los demás, del amor de ágape de los otros, tan pobre y desvalido como el abandonado y herido de la parábola del samaritano[45].

---

45 Cf. C. DI SANTE, *El Padre Nuestro. La experiencia de Dios en la tradición judeo-cristiana*, Ediciones Secretariado Trinitario, Salamanca 1998, 176s.

Más allá de la violencia que siempre está presente en la historia, los ojos del que perdona descubren la pobreza radical del enemigo, que como para la estatua del sueño de Daniel -con cabeza de oro y pies de barro (cf. Dan 2, 31s)-, basta cualquier cosa, una pequeña piedra, para desenmascarar y revelar su pobreza esencial.

Los ojos del que perdona, al descubrir al otro como pobre, lo descubre al mismo tiempo como una persona encomendada a su responsabilidad. No sólo no ven ya en él a un enemigo que lo amenaza, sino que captan en su rostro una invocación que, lo mismo que su existencia desnuda, pide cercanía y compañía. Su indigencia está enmascarada con la violencia y la prepotencia.

Este es el corazón que late en la experiencia de José y sus hermanos. Los ojos de José fueron transformados, hasta ver en sus hermanos unos pobres indigentes, no unos rivales. Así, los ojos del que perdona, no sólo acceden al descubrimiento de la identidad del otro, sino -al mismo tiempo- accede a su propia identidad.

En el caso de José descubre a sus hermanos y a su padre como "confiados" a sus propios cuidados. Él los recibe para hacerse cargo de su manutención y cuidado porque sus ojos ya ven desde otra perspectiva.

Descubrir la pobreza del otro, que necesita de mis cuidados, es descubrir la responsabilidad incondicionada sobre él, que libera al yo de cualquier otra pretensión egocéntrica, que constituye a la persona en "rehén de los demás"[46], a merced de sus envidias, miradas, juicios, opiniones…

Derribada la categoría "enemistad" en la familia de José, cada sujeto accede al descubrimiento de la relación, situándose más allá del individualismo: "el yo señor", y más allá del organicismo: "el yo soy para ti, de la misma manera que tú eres para mí".

Se accede al descubrimiento de la relación cuando José se sitúa en la responsabilidad incondicionada, como la de una madre

---

46 Cf. E, LÉVINAS, *Quattro letture talmudiche,* Il Melangolo, Génova 1982, 151.

respecto al hijo pequeño, que dice: "yo soy para ti, independientemente de lo que seas tú para mí".

Esta es la relación que revela la experiencia bíblica.

Pero ante ella podemos pensar: ¿No es una peligrosa ingenuidad sostener la abolición de la categoría "enemistad", que ignora la dramática realidad de cada día, hecha de gente enfrentada y violenta?

Lejos de ignorar el peso del mal presente en el mundo, y de cerrar los ojos a la enemistad que nos rodea, la abolición de esta, -pasando a ser "cuidador del otro"-, es la única manera de superarla.

Disipar la proyección del otro como enemigo, no significa cerrar los ojos sobre la enemistad, que existe y de la que el otro es portador. El perdón no es pacifismo débil, ni imperturbabilidad olímpica. Tampoco es "dejar que corran las cosas", que lejos de ser perdón, es falta de interés por el otro y limosna.

El perdón es "pasar saltando" (pesaj/pascua) del ser enemigo a ser cuidador. Y este cuidado responsable sobre el enemigo, invita y abre la conciencia en el otro del propio error, y le ofrece la posibilidad del rescate y la reconciliación.

Tal como ocurrió en la bellísima historia de José y sus hermanos.

CAPÍTULO XII

CAPÍTULO XII

UNA DANZA CONCLUSIVA CON LA HISTORIA DE JOSÉ

Bailar la vida con Dios es una fiesta, donde el encuentro cada día con el artesano de la Vida se renueva en los brazos de la gracia. Y siempre que me acerco a las vidas que narran los relatos bíblicos, veo reflejada en ellos algo de esta aventura y de esta danza con Dios.

Por eso, al final de este libro me detengo, querido lector, para hacer una danza conclusiva con la historia de José, para ir sacando los hilos de oro y las lecciones de vida que esta aventura de José nos ofrece.

José, el hijo de Jacob, nos ha precedido en el camino de la vida, para decirnos que no somos vagabundos desorientados, sino caminantes junto a todo el pueblo de Dios.

Cada paso de José y su familia, y todo nuestro peregrinar por esta tierra, nos va abriendo a lo trascendente; en cada relato se abre una nueva red de comunicación entre el más allá y el más acá, entre Dios y los hombres. Así, cada página de la Biblia es testigo de la *fuerza trasformadora* de los relatos compartidos.

Estamos viviendo un momento de prueba a nivel mundial y a todos los niveles de la vida. Por eso, creo que este es el momento oportuno para soñar en grande, para repensar nuestras priorida-des -lo que valoramos, lo que queremos, lo que buscamos-, y para comprometernos en lo pequeño y actuar en función de lo que hemos soñado. Este es nuestro momento para aprender a descu-brir los chispazos de la voluntad de Dios en nuestros minúsculos deberes diarios.

El relato de la historia de José nos enseña a soñar en esta direc-ción. José es portador de un mensaje acerca de *la fraternidad*: él es *"aquel que busca a sus hermanos"*, lo cual define su identidad y su alma, así como la de todos nosotros. Todos vamos buscando a nuestros hermanos, seamos conscientes o no.

Por eso tengo la certeza de que: este es un relato que brilla para los lectores a modo de estrella que nos acompaña e indica el camino del resurgimiento a una vida nueva. No es una pérdida de tiempo leer y releer esta narración del libro del Génesis, rumiarla y orarla. Es un sano ejercicio para dejarnos trabajar por la gracia de Dios impresa en cada letra.

LA CASA DE LA VIDA

Desde el principio de la Biblia, Dios es presentado como un arquitecto que construye una casa, una mansión cósmica edificada sobre las aguas del caos. Pero Dios no construye una casa para Él, el Dios Creador de la Biblia crea una casa para otros. Esta imagen de la creación habla de seguridad y protección.

Esta "mansión protectora" de la creación, pronto tiñe el ánimo del lector por el sentimiento de que la existencia se halla amenazada. Dios, en su cuidado protector, ha puesto límites a las aguas destructoras, en esta mansión nadie debe hacer daño a nadie. Pero, siguiendo el relato de los orígenes, vemos que la mansión de la vida se ha corrompido por dentro, por eso ya no se pueden contener las aguas que se agregan en el exterior, -tanto las aguas superiores, como las inferiores-, y el diluvio transforma la mansión de la vida en una ruinosa casa de muerte.

Entonces ocurre lo inesperado, en medio del caos y la muerte, se abre una senda de vida nueva. Dios salva en un Arca a una pareja de cada especie, hace que las aguas decrezcan, y funda en una alianza solemne un nuevo orden cósmico, en el que se permite que la violencia entre a formar parte del mundo, pero dentro de unos límites precisos, no desbordados como en el tiempo de Noé.

Si en la mansión de la Creación se eleva una *"estatua de Dios"*, llamada ser humano, es porque esta casa de Dios es un templo, y la persona lo más grande y santo que Dios ha creado. Los seres humanos son creados para que pastoreen al entero mundo animal. Todo lo que impida este pastoreo corrompe la bellísima casa de la creación.

Por eso, cuando algunos hombres se convencieron de tener que apacentar y gobernar a otros hombres, sin respetar los límites establecidos por el Creador, las relaciones de los seres humanos perdieron su armonía. Y el hombre fue expulsado del jardín del Edén, para iniciar un peregrinaje que se prolonga de padres a hijos, como eslabones de un único camino de retorno a la casa del Padre.

Desde este peregrinar primero de Adán y Eva, fueron apareciendo los pasos de muchos otros peregrinos, hasta las sandalias de Abrahán, que fue conducido a una tierra desconocida.

LAS SANDALIAS DEL PUEBLO DE DIOS

Los patriarcas, y las primeras generaciones de Israel, no conocían a Dios al principio. Tuvieron que recorrer un camino largo, por donde tropezaron con el Dios verdadero, y lo fueron descubriendo, hasta verlo actuar en la historia.

Una de las más radicales experiencias, por las que tuvieron que pasar, fue el ir descubriendo que el suyo era un Dios que convertía a los hombres en forasteros. Esta es la experiencia que vivió Abraham, Isaac, Jacob, los patriarcas, y también José, viviéndola como pedagogía de Dios.

En todos los relatos patriarcales sale a nuestro encuentro el Dios de Abraham, Isaac y Jacob, que a los que elige los envía a una tierra extranjera, desconocida y profundamente bañada entre dos luces: la antigua tierra nativa y la amarga extranjería, tierra extraña que se convierte -más tarde- en la bendición prometida.

José participa de esta experiencia de sus antepasados. Él ha aprendido a no ocupar el puesto de Dios en los acontecimientos y a vivir en este mundo como en tierra extranjera. La Biblia no duda en subrayar que José se convirtió realmente en extranjero. Fue arrancado de todos los vínculos y lazos. A partir de aquí, no le ha quedado otro remedio que transformarse y adaptarse a un nuevo mundo.

Internamente dicha transformación ha tenido que ser muy profunda, máxime desde el momento en que ha fundado una familia egipcia, y de hecho los cambios que en él se han producido han sido tan hondos, que -al llegar a Egipto los hermanos- no le han reconocido. En su fuero interno, seguramente, seguía alentando el viejo mundo de su juventud y su familia. Pero el molde egipcio, impuesto sobre él, ha tenido que ocultar todo esto en pliegues muy profundos.

BUSCADOR DE SUS HERMANOS

Página tras página, esta bellísima historia de José, nos ha llevado a pasear por la narración de la búsqueda de sus hermanos, que se prolongó a lo largo de toda su vida, como un peregrinar tras el rostro de la fraternidad, para satisfacer el deseo de su padre de tener noticias de sus hermanos.

Pero, un camino de fraternidad sólo puede ser recorrido por espíritus libres, y dispuestos a encuentros reales, por eso se necesita un proceso de liberación de ataduras.

No es una búsqueda egocéntrica, para satisfacer intereses propios, o desplegar un proyecto que vaya construyendo el propio ego. José salió de sus seguridades a la búsqueda de sus hermanos, para satisfacer el deseo de su padre, Jacob: traer noticias de ellos.

La voz de José, que dice a su padre: "Aquí estoy", recorre como una melodía armoniosa los caminos de la Biblia a modo de eje conductor, voz de su disponibilidad, que resonó en otros muchos personajes. Y ahora esta historia nos invita a hacerla nuestra, para que sea la nota dominante de nuestro día a día, ya que, esta invitación de Jacob, de ir a buscar a sus hermanos, hoy sigue en pie en cada uno de nosotros, esperando nuestra respuesta, para que de nuevo se despliegue en esta generación la misión de buscar a los hermanos, y así nos unamos al peregrinaje de José, el hijo de Jacob.

De esta respuesta depende el que sigamos manteniendo ardiente la llama de la esperanza en la providencia de Dios, que siempre acontece en la historia. No es algo banal. No está lejos esta historia de nuestro hoy, todos andábamos errantes, y todos hemos sido buscados y recuperados, para pasar a ser buscadores de otros hermanos, ya que el Padre tiene sed de noticias de la humanidad salida de sus manos creadoras.

José, haciendo de su vida una búsqueda continua de sus hermanos, no se resignó a vivir cubierto de tinieblas, sino que aprendió a vivir dentro del corazón de su padre, de su deseo, aunque tuvo muchas dificultades. Él no se quedó en sus pobres maquinaciones, salió siempre de sí mismo, para resurgir hora tras hora en el plan de su padre. No maquinó calculando el futuro, no dio vueltas al pasado, porque todo esto es agotador y conduce a vivir en densas tinieblas. Salió de sí para vivir en el misterio del plan de su padre e irlo descubriendo entre los obstáculos. Cada adversidad fue un trampolín para esta salida de sí mismo, una puerta que hay que abrir para seguir siendo un "buscador incansable de sus hermanos".

La peregrinación de José propició el reencuentro con los hermanos perdidos. Pero reencontrarse no significa volver al momento anterior de los conflictos, porque al caminar vamos cambiando todos. El dolor bien asimilado transforma, y nos hace capaces de asumir el pasado, para liberar el futuro de insatisfacciones, nos hace capaces de abrirnos –paso a paso- a una *esperanza común*, más fuerte que la venganza.

El encuentro con Dios, echa por tierra el mundo que nos hemos construido para nuestro bienestar, nos transforma por completo y nos señala un destino completamente nuevo.

DIOS ESTÁ DENTRO

Y este destino nuevo es ser peregrinos, buscando el rostro de la fraternidad, lo que significa asumir riesgos y pruebas. Al fondo del misterio de las pruebas, en todo camino del hombre, está *el misterio de Dios*, un ser que deposita su confianza en el hombre, aun conociéndole bien en todos sus límites, pero que tiene la certeza de que, -tras un peregrinar-, el hombre dejará actuar a la fuerza de Dios en su propia debilidad. Esta es la verdadera fuerza de la debilidad humana, dejar espacio a Dios y sus manos hacedoras de maravillas.

Frente a José, peregrino auténtico, estaría Caín, el fugitivo o vagabundo, Ser peregrino tampoco es *ser forastero*, una persona sin referencias ni vínculos reales. Un peregrino sabe a dónde va, ve a distancia y ama el lugar hacia el que se encamina. Es un caminante lleno de esperanza anclada en el anhelo de conseguir la meta.

José, dejándose forjar por las pruebas y los sufrimientos, se convierte en un auténtico peregrino. En la impresionante historia de José, simplemente *Dios está dentro* y por ello no se le menciona. Sí, Dios está presente en cualquier acción humana, hasta en las negativas. Esta es la Buena Noticia que resuena en todo el relato.

Por eso, para ser peregrinos es necesario redoblar constantemente nuestra fe en su presencia, oculta en los repliegues del obrar humano, con la certeza de que actúa incluso en situaciones negativas y desfavorables. Dios está presente hasta en la oscuridad. Esto es lo que nos grita la historia de José y su peregrinar.

Este es el secreto de los peregrinos de la fraternidad, los que caminan con la esperanza puesta en la meta, que no se paralizan ante los obstáculos, sino que cada prueba es un trampolín que les lanza a avanzar, y a seguir dando pasos, porque Dios está dentro de la historia, y acompaña cada paso torpe e incierto de los hombres. De forma que cada generación alumbra la existencia de la siguiente.

EL ALUMBRAMIENTO DE LAS GENERACIONES

La creación guarda en sus entrañas un plan de Dios, un mensaje silencioso que podemos percibir. Este plan encierra en sí mismo un despliegue de belleza que Dios realiza con los pueblos.

Adán y Eva, en vez de llevar a plenitud la imagen divina, que el Creador plasmó en ellos, se realizan a imagen del animal que se ha desbocado en ellos, apareciendo sobre la tierra el odio y el enfrentamiento.

A pesar de todo, el proyecto que Dios soñó sigue en pie.

Con Esaú, el narrador atestigua que es posible que un Caín renuncie a matar a su hermano. Pero, entre el proyecto de asesinato, y el perdón, sólo se cuentan tres cosas a propósito de Esaú, las cuales por su parte también vivió Jacob: el respeto hacia su anciano padre, la marcha al extranjero –con el consiguiente alejamiento de sus padres y de su hermano enemigo- y la boda.

Estos tres elementos: respeto, marcha y boda, volvemos a encontrarlos en la historia de José; ellos revelarán su secreto: la humanidad cerró libremente su oído a la paz de la creación, por ello surgieron las divisiones y las enemistades.

Hará falta un camino de vuelta al *shalom*. Los pasos inciertos y torpes de cada generación necesitarán ser reorientados en una larga peregrinación de vuelta a los orígenes. La senda está abierta, sólo es necesario recorrerla, aunque sea de noche.

En la vida llega un momento en que hay que dejar la casa, salir del lugar de protección y arriesgar para avanzar por el camino. José también pasa por este momento de éxodo, de salida de la casa, llevando en el corazón una palabra de su padre: "tráeme noticias de tus hermanos".

Pero, la vuelta a la casa paterna de José queda interrumpida por un pozo, al que es arrojado por sus hermanos. Al soñador de cosas grandes le han arrojado al lugar donde se ha secado la vida. Faltaron palabras de acogida y entendimiento. Sin embargo, este pozo vacío es parte necesaria de un camino de transfiguración y cambio.

Podemos verlo en el relato. Jacob, el astuto, vive un duelo de purificación en todos estos años de transformación y desaparición de José. José, de hijo de Israel, pasa a ser virrey de Egipto. Y entre los dos, los hermanos, que primero odian al soñador y luego lo venden. Ellos también tendrán que experimentar ser extranjeros en Egipto, y tener que pedir el alimento al soñador, hasta llegar a la reconciliación fraterna, recibida como don.

En medio de todo este peregrinar transformante, los sueños tienen un lugar importante en la trama.

EL RECORRIDO DE LOS SUEÑOS DE JOSÉ

En la historia de José vemos cómo Dios entra en la historia también a través de los sueños. De forma que el tiempo se convierte en el *kairós*, es decir, el tiempo personalmente vivido, y no tanto el chrónos, porque Dios se presenta en las encrucijadas de la historia, la cual deja de ser solamente una nomenclatura de fechas y datos, transformándose en una historia santa.

Se recogen seis sueños en esta narración, y todos giran en torno a José, o al menos recobran luz y sentido con él, porque es José quien los interpreta. Pero el verdadero protagonista de la historia es Dios y su providencia en la vida de los personajes.

Los sueños de José han de ser acrisolados; no es fácil alcanzarlos, precisan una búsqueda constante y decidida, contando con adversidades y obstáculos. José no contaba con las dificultades, paso a paso fue aprendiendo que los sueños han de ser conquistados cada día. De hecho, la reacción de los hermanos al ver de lejos a José, impide la realización inmediata de los sueños del joven. Será necesario espacio y tiempo para que Dios derrame su providencia en esta familia.

En principio, la palabra que vuelve a casa del padre es la túnica ensangrentada y la invitación a reconocer en ella la túnica de mangas largas de José.

PALABRA Y PAZ

De esta forma, vemos cómo la historia de José permite una lenta transformación de los personajes, que, tras un duro camino, llegan a la restauración de los vínculos familiares y ven la salida de una crisis familiar que los acrisoló.

Con la eliminación de José, los hijos de Jacob quedan separados, no sólo de José -su hermano-, sino también del padre. Y ahora la vida de los hermanos trascurre en la mentira y bajo el miedo. Los hermanos querían ganarse el corazón del padre, pero de hecho lo han perdido.

De la eliminación del hermano no ha salido ni paz ni libertad. Es importante que esta enseñanza nos entre y se nos grabe a fuego.

José va aprendiendo lo que es "ser peregrino por la justicia", que no significa recibir un premio a cambio de buenas acciones, sino entrar en el misterio del sufrimiento. Va aceptando la economía divina, no recrimina nada a Dios, permanece sencillamente en lo incomprensible de los hechos.

José, desde la cárcel, podría haber alimentado sueños de venganza de sus hermanos, deseos de devolver el daño recibido de Putifar y su mujer, tomando la justicia por su mano, también podría haber escrito cartas al faraón declarándose inocente…

Pero no actuó así, José puso su confianza en el Señor. Su estancia en la cárcel es un prosperar dejando hacer a Dios, que despliega su fuerza en la debilidad y la impotencia del joven hijo de Jacob.

José vive la cárcel saliendo de sí, y entregándose a los demás, interpretaba los sueños de los compañeros, y de este modo se ejercitaba en interpretar la vida, no viviendo en la superficialidad del lamento sobre su suerte.

Todas las pruebas son medios que van modelando a José, porque se dejó trabajar por ellas, hasta que se convierte en un instrumento de reconciliación, desplegando una misión crucial en la crisis de su familia: ser el lazo de unión de todos.

INSTRUMENTO DE RECONCILIACIÓN

A través de estos años de trabajo laborioso de Dios en el corazón de José, la aflicción primera se ha convertido en una tierra arada, propicia para acoger la semilla del amor incondicional y dar frutos de reconciliación.

El relato bíblico nos muestra que el inicio del proceso de reconciliación es lento. Hay todo un proceso de idas y venidas para deshacer tantos nudos de iniquidad en los lazos familiares. La reconciliación no es inmediata, casi nada en la vida es instantáneo.

José, en su despliegue de pasos para tender puentes, ofrece un banquete a sus hermanos, que se convierte en la mesa de la fraternidad transfigurada. Tomó una fuerte decisión de acercarse a sus hermanos y ayudarles en la hambruna. Dejó que este insignificante paso desencadenara todo un proceso transfigurador de la familia. Dio muerte en él a los deseos de venganza, y dejó fructificar el bien en favor de su padre anciano y sus hermanos.

La humildad acompaña al sabio José y le hace un ser simple. Ese "estar de Dios con José", que tanto nos repite el relato, le hace un ser libre de rencores y dobleces. Cada dificultad en el camino propició a José este conocer a Dios no de oídas, sino por la experiencia de su compañía. Él no se adormeció en el sufrimiento ni en la prosperidad, veló la visita de Dios y lo fue descubriendo paso a paso.

Para avanzar en la senda de la vida, como José avanzó, hay que tener una mirada unificada, mirar hacia un solo punto como meta. En el caso de José, la meta era la fraternidad, sus hermanos a los que buscó con perseverancia y tesón. Fueron muchos los obstáculos, pero se dejó transformar y unificar.

Del relato de José se desprende que tenía un corazón unificado, que luchó por la libertad de la familia, por desatar los nudos de iniquidad, que estrangulaban las relaciones familiares y no quedó confundido.

Descentrado de su ego, se comenzó a gestar en su interior una transformación, hasta aprender el arte de acabar con las divisiones, y recomponer las rupturas, sin que por ello suprimiera sus propias aspiraciones.

En todo el relato de José llama la atención sus pocas palabras. El silencio de José es un águila de poderosas alas, que sobrevuela el bullicio de la tierra, de los hombres y del viento. Recorriendo silenciosamente las líneas de fractura de su crisis familiar, José escribió una historia nueva. Es mucho lo que José nos puede enseñar con su silencio. José nos muestra con su vida que somos seres en transformación.

SERES EN TRANSFORMACIÓN

Cuando todo parece perdido, y en José esto se repitió varias veces, el abandono en manos de Dios se convierte en la espera de una palabra creadora que se pronuncia y se escribe en la página del alma. Lejos de ser pasiva, esta espera prepara la revolución de la simplicidad, del deshacer los nudos que estrangulan la vida.

José el soñador vivió despierto, no se dejó adormecer por las circunstancias adversas. Quizás es una de las lecciones cruciales del relato de la historia de José.

Mientras la humanidad está cada vez más conectada virtualmente y adormecida, la simplicidad nos sugiere un camino de liberación, que consiste en despertar y reconectarnos con nuestro mundo interior, para aprender a compartir vínculos auténticos con los demás y -juntos- reconfigurar la sociedad del mañana.

Un alma despierta abre caminos nuevos de sentido en el mundo.

José es un paradigma para nosotros de este despertar, pasando por múltiples vicisitudes. Hay un primer paso importante para la transformación de la familia de José, aquel bendito banquete ofrecido por José a sus hermanos. En él, los hermanos "se miraban entre sí asombrados" (cf. Gén 43, 33). Este asombro es el inicio del deshielo de unas relaciones congeladas hacía mucho tiempo y es muy evocador.

José tiene una gran habilidad y destreza en la gestión de esta difícil situación. Poco a poco se va despertando la alianza familiar, los vínculos adormecidos y muertos de la fraternidad. En esta mesa se hace sitio al otro, y se va saciando el hambre de paz en los corazones de esta familia dividida.

UN CANTO AL DIOS PROVIDENTE

El hambre de paz es un anhelo que habita en todo ser humano. Esta hambre necesita saciarse, no sólo en la familia de José, sino en cada generación. Es más, es un hambre que cada día necesita su pan partido y ofrecido.

Quizás por eso, tras la muerte del anciano Jacob, los hermanos comenzaron a tener miedo de que ahora José vengara todo el daño cometido. Sólo el paso del tiempo no es suficiente, necesitan de nuevo pedir el perdón que José ya había dado hacía tanto tiempo. Y José, experto en humanidad, de nuevo vuelve a darlo; ahora sí que habla, y les dice la palabra clave: "No temáis…Yo cuidaré de vosotros y de vuestros hijos".

Y es que la reconciliación nunca termina del todo, siempre hay que confirmarla. Y esta confirmación mostró la providencia de Dios y su paternidad.

CUSTODIOS DE UN RELATO

Somos custodios de este impresionante relato de José, destinado a los hombres de todos los tiempos, para consolarlos tocando el corazón de sus luchas, y mostrarles la providencia de Dios: el perdón. Se nos ha entregado este relato como un tesoro de vida, como diapasón de nuestros deseos y preferencias, para orientarlos hacia Dios, no hacia nuestros criterios y cálculos.

Escuchar el relato en su simplicidad, y custodiarlo en su integridad, es crucial para el encuentro con Dios en el texto, como almas postradas en adoración ante estas Palabras de Dios.

Tomamos la luz del texto, que como siervo nos ofrece cada relato, para que prendida en nuestro candelero, seamos luz de los pueblos.

No echemos la semilla fuera de la tierra, en el camino, o entre piedras, donde nunca podrá echar raíces fuertes y crecer. Dejar el relato bíblico fuera de nuestro espíritu, muy alejado de nosotros, en el camino, para que su luz no afecte nuestras jornadas, nuestras actitudes, nuestros actos…es no querer ser luz de la tierra.

Todos nosotros llevamos en el corazón el deseo de vivir como hermanos, en la ayuda recíproca y en armonía. El hecho de que a menudo esto no se verifique, debería estimular aún más la búsqueda de la fraternidad.

Dios, transformando al hombre desde dentro, e invitándolo a desprenderse del mal, lo orientan hacia una actitud de paz fraterna.

El florecer del mundo de José y sus hermanos, nos anuncia anticipadamente esta obra de Dios en toda la humanidad, la re-creación tan deseada y soñada por todos los pueblos.

EL FLORECER DEL MUNDO DE JOSÉ

Para la Biblia, el perdón es lo que falta a la realidad, y que una vez encontrado, le hace renacer a su verdad. El perdón sería, algo así como la mirada de Dios que se posa sobre el caos del hombre, mirada que reintegra este caos, haciéndolo renacer.

Por tanto, el perdón es el nuevo principio de lo real. Tal como ocurrió en la vida de la familia de José. Tras el perdón de José, comenzó una realidad nueva para toda la familia.

José y sus hermanos, muriendo al sueño dominador sobre los otros, invierten la lógica de la violencia y el pecado, y reciben el don de la reconciliación, el don de no usurpar el señorío de Dios sobre la historia y sobre sus vidas. Dios ocupa así su lugar en la vida de la familia.

En la plenitud de los tiempos, Jesús es el Mesías que lleva esta reconciliación a su completo cumplimiento; porque en este mundo dominado por el pecado, abrió en la Cruz el principio o la ley de la alianza nueva, en bien de la humanidad

La Cruz es el único lugar desde el que vuelve a florecer el mundo como Edén.

En la historia de José aparece, -como un manjar para saborear anticipadamente-, el perdón como la única fuerza capaz de transformar el corazón violento y la injusticia que este engendra.

En la impotencia del perdón se oculta la potencia del amor. el perdón posibilita ser compañero de Dios y responsable del mundo.

La nueva mirada del hombre que perdona, deja de configurar al otro como enemigo, y se le revela como "pobre", en el sentido bíblico, es decir, necesitado de los demás, del amor de ágape de los otros, tan pobre y desvalido como el abandonado y herido de la parábola del samaritano.

Los ojos de José fueron transformados, hasta ver en sus hermanos unos pobres indigentes, no unos rivales. Así, los ojos del que perdona, no sólo acceden al descubrimiento de la identidad del otro, sino -al mismo tiempo- accede a su propia identidad.

En el caso de José descubre a sus hermanos y a su padre como "confiados" a sus propios cuidados. Él los recibe para hacerse cargo de su manutención y cuidado porque sus ojos ya miran desde otra perspectiva.

José experimenta exteriormente las desgarraduras del desamor de los suyos, pero el tesoro interior que lleva permanece intacto. En el exterior crujen las calamidades por las que tiene que pasar, y si por esas calamidades son creadas las tinieblas del sufrimiento, en lo interior se va encendiendo la luz de la sabiduría, y la paz de Dios le es devuelta al ver la meta hacia la que ha sido conducido, precisamente al haber entrado por la puerta estrecha de la adversidad.

José es el enviado de Dios para salvar de la hambruna a los pueblos. Este es "el programa misericordia" de Dios, después de haber preservado al hijo rechazado. Y así, la historia de José nos revela quiénes somos, o mejor quién es el hombre: un ser necesitado de los otros, que alcanza la verdad de su ser, no accediendo por sí mismo al pan, sino acogiendo lo que se le da, y a su vez volviéndolo a dar.

El hombre, para la Biblia, vive de ese vivir cualitativo, dentro del horizonte de la reciprocidad, en donde, con su solicitud, ampara y colma al otro.

José asumió la gratuidad divina como principio, no como objeto, sino principio de una nueva vida: dar gratuitamente lo que gratis hemos recibido. Sólo podremos dar el pan de la fraternidad, si antes lo hemos recibido de Dios como providencia. Así, nace un mundo nuevo de seres humanos responsables del cuidado desinteresado de los otros.

¡Ojalá estas páginas susciten en el lector el deseo de leer, rumiar y orar el relato de la historia de José! Cada página es una perla preciosa que nos conduce a la perla de gran valor que todos buscamos.

ÍNDICE